子どもをアクティブにするしかけがわかる！

小学校算数
「主体的・対話的で深い学び」30

盛山 隆雄 編著
加固希支男・松瀬 仁・山本大貴

志の算数教育研究会 著

明治図書

はじめに

　新しい学習指導要領が発表されようとしています。これまでの過程において様々なキーワードを聞いてきました。今の日本の子どもたちにとって必要な「資質・能力」について語られ，その力を育成するための「アクティブ・ラーニング」が強調されています。

　その趣旨はよく理解でき，確かに重視すべき内容と考えます。しかし，問題なのはその先です。主体的な学び，対話的な学び，深い学びを実際の授業で実現するために，教室現場ではどのような指導の工夫をすればよいのでしょうか。実際に，目の前の素直な子どもたちにどんな言葉をかけ，何をどのように考えさせるべきでしょうか。問題提示は，板書は，まとめは…。

　志の算数教育研究会では，子どもたちがアクティブに学び，自らの成長を実感して笑顔になる姿をイメージしながら，具体的な教師の役割について考えてきました。

　その成果を，「問題提示のしかけ」「指名・発表のしかけ」「発問のしかけ」「板書のしかけ」「まとめのしかけ」という5つの「しかけ」に整理し，提案するのが本書の趣旨です。

　授業は，子ども任せにするのではなく，教師が何らかの工夫をすることによって，目標に沿った子どもの姿を意図的に引き出すことが大切であると考え続けてきました。だから，「しかけ」という言葉を使っています。

　例えば，画用紙でつくったある図形を見せるときに，封筒からゆっくり引き出せば，子どもたちは必ずと言っていいほど集中して見てくれます。形を全部見せなくても，見えた部分の形の印象を口にします。「とがっているよ」「きっと三角形だ！」「ひし形かな？」。見せ方を工夫することによって，言ってほしい数学的な表現を引き出せるかもしれません。

　私たちの考える「しかけ」とは，具体的なものです。授業は，このようなちょっとした工夫の連続であり，そうすることでいきいきと子どもが学ぶ授業ができるのだと信じています。

　この私たちの問題提起や実践が議論され，日本の算数・数学教育の改善に少しでも役立てば，日々，算数の授業改善に取り組んできた私たちにとって大きな喜びです。

　本書をまとめるにあたり，明治図書の矢口郁雄様に様々な面からアドバイスをいただき，大変お世話になりました。心からお礼を申し上げます。

2017年1月

盛山　隆雄

も く じ
Contents

はじめに

第1章 教師のしかけ1つで子どもはアクティブに学び出す

1 「主体的・対話的で深い学び」実現のために ……………………………………… 8

2 子どもをアクティブにする授業の「しかけ」 ……………………………………… 10

第2章 子どもをアクティブにするしかけがわかる！主体的・対話的で深い学び30

動物はどこにいる？ ………………………………………………………………… 14
（1年／なんばんめ）

ぴったりくっついている形，何種類できるかな？ ………………………………… 18
（1年／かたちあそび）

「3」が入らない理由を考えよう！ ………………………………………………… 22
（1年／たし算とひき算）

そのはした，どう表したらいいかな？ …………………………………………… 26
（2年／水のかさのたんい）

何が同じで，何が違うのかな？ …………………………………………………… 30
（2年／かけ算）

交換できるものと，できないものの違いは何？ ………………………………… 34
（2年／分数）

どんな数でもきまりが使えるかな？ ……………………………………………… 38
（3年／かけ算の筆算）

式の意味を図で説明しよう！ …………………………………………………… 42
（3年／円と球）

どうして答えが同じになるのかな？ ……………………………………………… 46
（3年／かけ算の筆算）

どうして商が11ずつあまりが1ずつ増えるの？ ………………………………… 50
（4年／わり算の筆算）

当たりくじってどんなくじ？ ……………………………………………………… 54
（4年／わり算の筆算）

どの四角形の対角線かな？ ………………………………………………………… 58
（4年／垂直・平行と四角形）

どんな四角形ならしきつめられる？ ……………………………………………… 62
（4年／垂直・平行と四角形）

九九表の数を斜めにかけると答えが同じに!? …………………………………… 66
（4年／計算のきまり）

形が違っても広さは同じ!? ………………………………………………………… 70
（4年／面積のはかり方と表し方）

なぜ，$\frac{3}{5}$の方が大きいの？ ……………………………………………… 74
（4年／分数）

〇方体の体積を求めよう！ ………………………………………………………… 78
（5年／直方体や立方体の体積）

条件に当てはまる小数のかけ算をつくろう！ …………………………………… 82
（5年／小数のかけ算）

合同な形に分けられない理由を説明しよう！ ………………………………………86
（5年／合同な図形）

16段目のひみつを考えよう！ …………………………………………………90
（5年／偶数と奇数，倍数と約数）

○，□，△に入る数のきまりを探ろう！ ……………………………………94
（5年／分数のたし算とひき算）

どうすればゲームの結果に納得できるかな？ ………………………………98
（5年／単位量あたりの大きさ）

「マイ三角形」で運だめしをしよう！ ………………………………………102
（5年／四角形と三角形の面積）

L字型の面積を求めよう！ ……………………………………………………106
（6年／分数のかけ算）

分数÷分数ってできるのかな？ ………………………………………………110
（6年／分数のわり算）

二等辺三角形の辺の長さの求め方を考えよう！ ……………………………114
（6年／比と比の値）

どちらの携帯会社がお得？ ……………………………………………………118
（6年／比例と反比例）

自分の名前でどんな言葉ができるかな？ ……………………………………122
（6年／並べ方と組み合わせ方）

ピザは何種類できるかな？ ……………………………………………………126
（6年／並べ方と組み合わせ方）

15秒に近いチームはどっち？ …………………………………………………130
（6年／資料の調べ方）

第1章 教師のしかけ1つで子どもはアクティブに学び出す

Chapter 1

1 「主体的・対話的で深い学び」実現のために

アクティブ・ラーニング登場の経緯とその実現

　2014年11月，中央教育審議会に対し，文部科学大臣が「初等中等教育における教育課程の基準等の在り方について（諮問）」を発しました。新しい時代にふさわしい学習指導要領等の在り方について検討してほしいという内容ですが，これまで主に高等教育の分野で語られることが多かった**アクティブ・ラーニング**という言葉が，この諮問によって，初等中等教育の分野に降りてくることになりました。

　そして，2015年8月に初等中等教育分科会の「教育課程企画特別部会における論点整理について」がとりまとめられました。そこでは，**育成すべき資質・能力**があり，その資質・能力をはぐくむためには，学びの量，質，深まりが重要と述べています。さらに，その学びの質の向上や深まりを求めるために「課題の発見・解決に向けた**主体的・協働的な学び**（いわゆる「アクティブ・ラーニング」）が有効であると主張しています。

　続いて，2016年8月には，初等中等教育分科会教育課程部会より「次期学習指導要領等に向けたこれまでの審議のまとめについて」が発表されました。そこでは，算数科・数学科の「学習・指導の改善充実や教育環境の充実等」のところで「**主体的・対話的で深い学び**」の実現について触れています。「協働的な学び」が「対話的な学び」という文言に変わったことが特徴的ではありますが，目指すところに大きな変わりはないようです。

　アクティブ・ラーニングにあたる3つの学びについて，算数科・数学科では，次のように整理されています。

主体的な学び…児童生徒自らが，問題の解決に向けて見通しをもち，粘り強く取り組み，問題解決の過程を振り返り，よりよく解決したり，新たな問いを見いだしたりするなどの学び。

対話的な学び…事象を数学的な表現を用いて論理的に説明したり，よりよい考えや事柄の本質について話し合い，よりよい考えに高めたり事柄の本質を明らかにしたりするなどの学び。

深い学び………数学に関わる事象や，日常生活や社会に関わる事象について，「数学的な見方・考え方」を働かせ，数学的活動を通して，新しい概念を形成したり，よりよい方法を見いだしたりするなど，新たな知識・技能を身に付けてそれらを統合し，思考，態度が変容する学び。

最後に，この３つの学びは，次のような資質・能力を育てることが目的であることを確認しておきます。
　学校教育法第30条第２項において，学校教育において重視すべき三要素は，「知識・技能」「思考力・判断力・表現力」「主体的に学習に取り組む態度」とされています。これを基に，次期学習指導要領においては，育成すべき資質・能力を以下の３点で整理することが考えられています（「三つの柱」と呼ばれています）。

① **「何を理解しているか，何ができるか」**（生きて働く「知識・技能」の習得）
② **「理解していること・できることをどう使うか」**（未知の状況にも対応できる「思考力・判断力・表現力等」の育成）
③ **「どのように社会・世界と関わり，よりよい人生を送るか」**（学びを人生や社会に生かそうとする「学びに向かう力・人間性等」の涵養）

　すなわち，子どもたちが何を理解しているか，できるかに加え，それらをどう使い，どのように社会・世界と関わり，よりよい人生を送るか，ということです。そのために，子どもたちに，知識・技能を身につけさせると同時に，思考力・判断力・表現力等と学びに向かう力・人間性等を総合的にはぐくむ必要があるとされています。

　「主体的・対話的で深い学び」が現れた経緯を整理してみましたが，果たして教室現場で，算数の授業で，実現することは可能なのでしょうか。この問いに簡単にYesと答えることはできません。なぜなら，今回の学習指導要領の改訂では，教える内容が大幅に増減したり，変更したりするわけではないからです。一方で，内容の指導を通してどのような資質・能力を育てるか，というねらいについての考え方に変更があるととらえられます。また，その方途としてアクティブ・ラーニングを進めようとしています。これは，ある意味では大きな改革だと言えます。
　要するに，今回の学習指導要領の改訂は，目標と方法の変更が主な趣旨だということです。そのためには，より一層の教師の理解と指導のための努力が必要になります。教科書を見れば教える内容はわかりますが，何をねらいにするか，どのように教えるか，は書いていないからです。解説や指導書等を読んで，一人ひとりの教師がじっくり考えることが大切になります。
　例えば，対話的な学びをしようとして，ペアをつくって話をさせる授業がよく見られます。形として対話が成立していても，よりよい考えや事柄の本質について話をしたかどうかまで考えると，実現は簡単ではなく，そのための工夫が必要です。
　そういった工夫は，それこそ教師同士が「自分ならこうする」といった対話をしながら考え，教材や子どもに対する理解を深めることで生まれます。教師のアクティブな学びこそ「主体的・対話的で深い学び」実現の絶対的条件と言っても過言ではありません。

2 子どもをアクティブにする授業の「しかけ」

　前項の最後で述べた，「主体的・対話的で深い学び」を実現するための工夫を，本書の第2章の実践事例では，以下のような5つの「しかけ」として示しています。

❶ 問題提示のしかけ

　問題提示については，例えば次のようなしかけによって，子どもを問題にかかわらせることが大切になります。
　主体的に考えようとする態度を引き出すことが目的です。

```
ア　数値や場面を隠す　　　　イ　場面を動かす
ウ　比較の場面にする　　　　エ　考察の対象をつくる
オ　オープンエンドにする　　カ　不思議な事象を見せる
キ　間違いを提示する
```

❷ 指名・発表のしかけ

　日本には，授業研究という教員研修の成果の1つである「意図的指名」という技術があります。机間指導をしながら一人ひとりの子どもの反応をつかみ，どの反応から取り上げるかを決め，意図的に指名していくことで授業を組み立てるのです。
　例えば，素朴な考えから取り上げ，考えを洗練，発展させるように子どもの考えを発表させる方法があります。
　また，1つの考えでも，言葉，式，図，操作など，異なる多様な表現を取り上げることで，関係的に理解できるように発表させることもあります。
　さらに，あえて最初に間違っている考えや答えを取り上げ，みんなで分析させるところから始めることもあるでしょう。
　分析の視点には，例えば次のようなものがあります。

> ア　どこまで合っているか。どこから間違ったか
> イ　何がしたかったのか。どんな思いか
> ウ　どんな問題だったら使える考えか
> エ　どこを修正すれば正しくなるか
> オ　なぜこう考えたのか

　このような観点から分析し，1つの考えを多様に表現したり，洗練したりします。その際，対話をしながら展開することが重要になります。

❸ 発問のしかけ

　発問には，主発問と補助発問があります。主発問は，子どもの問題意識を喚起してから提示するとしても，あらかじめ教師が用意するものです。しかし，補助発問は，子どもの反応を見ながら，その場で臨機応変に発していくものです。

　この補助発問のことを，私は「問い返し発問」と呼んでいます。子どもの反応に対して，下のような問い返しをすることによって，驚くほど子どもの思考を引き出すことができ，授業を深い学びに導くことができると考えています。

> 　　　ア　意味を問う　　　　イ　理由・根拠を問う
> 　　　ウ　続きを問う　　　　エ　ヒントを問う
> 　　　オ　他の表現を問う　　カ　否定的にとらえる
> 　　　キ　肯定的にとらえる
>
> ※カは正答に対して「偶然じゃないのかな？」，キは不十分な考えに対して「いつでも使えるね」などと返すこと。

❹ 板書のしかけ

　板書は，知識や考えを視覚化する重要な指導アイテムです。問題解決の様々な場面で板書は必要になり，場面ごとにしかけと言える工夫があります。

　例えば，多くのデータからきまりをみつけさせたいときには，データをカードに書くようにします。後から動かして整理するためです。

式や図だけでなく，後から説明に使いたい言葉は，前半のうちに板書に残しておくようにします。そうすると，行き詰まったときに「黒板に書いてある言葉を使ってお話ししてみよう」と促すことができます。

❺ まとめのしかけ

「まとめは子どもの言葉で」と言いたいところですが，現実的にすべてを子どもに任せるというのは難しいでしょう。

そこで，例えば「黒板を見て，大切だと思うことを1つ選んでみよう」と具体的に答えやすい発問をします。

また，「答えを出すためにどのように考えればよかったですか？」とプロセスに視点を当ててまとめをすることも大切です。

他にも「　　　　に目をつけて考えるとわかりやすい」などと，重要な「数学的な見方・考え方」の部分に焦点化し，　　　　にあてはめさせる形でまとめをするのも1つの工夫です。

（盛山　隆雄）

第2章 子どもをアクティブにするしかけがわかる！主体的・対話的で深い学び30

Chapter 2

1年　なんばんめ

動物はどこにいる？

	ペア学習	グループ学習	学級全体での練り上げ
	○		○

●この授業で育成したい資質・能力

知識・技能	思考力・判断力・表現力等	学びに向かう力・人間性等
数量や図形などについての基礎的・基本的な概念や性質などの理解	日常の事象を数理的に捉え，見通しをもち筋道を立てて考察する力	数量や図形についての感覚を豊かにするとともに，数学的に考えることや数理的な処理のよさに気付き，算数の学習を進んで生活や学習に活用しようとする態度
日常の事象を数理的に表現・処理する技能 ●	基礎的・基本的な数量や図形の性質や計算の仕方を見いだし，既習の内容と結びつけ統合的に考えたり，そのことを基に発展的に考えたりする力 ●	数学的に表現・処理したことを振り返り，批判的に検討しようとする態度
数学的な問題解決に必要な知識	数学的な表現を用いて事象を簡潔・明瞭・的確に表したり，目的に応じて柔軟に表したりする力 ●	問題解決などにおいて，よりよいものを求め続けようとし，抽象的に表現されたことを具体的に表現しようとしたり，表現されたことをより一般的に表現しようとするなど，多面的に考えようとする態度 ●

1 授業の概要

　この授業では，障害物の裏側に動物が隠れている場面を提示し，隠れている動物が子どもに見えてしまう状況を意図的に設定します。また，教師だけはその場所を知らない状況にすることで，子どもは動物の場所を教師に伝えようと必死になります。このとき，子どもの表現の中には，「2番目」や「2つ」など，順序数と集合数が混在します。同じ数字を用いても表す場所が異なることを話題にすることで，場面に合わせて表現を修正し，その違いを理解していくことをねらいます。

2 問題

8枚の壁の向こうに動物が隠れているよ。どんな動物がいるかな。

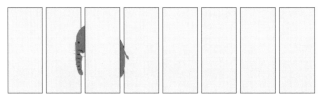

3 授業のねらい

順序数と集合数の表現の違いに着目し，それらの意味の違いを理解させる。

4 授業展開

❶問題の意味をとらえさせ，象の隠れている場所を表現させる

「どうぶつのかくれんぼ」と板書し，問題の図をテレビ画面に映します。

象が左から3番目の壁に隠れていることは明らかですが，教師はそのことがわかっていない立場を貫きます。自分が知っていることを，相手は知らないという状況をつくり出すことで，子どもは必死になって説明しようとするからです。

T 壁が邪魔で，どんな動物が隠れているか見えないね。
C えっ!? 象がいるよ。壁からはみ出てる！
C 3番目にいるよ。見えるよ。
T 3番目はここ？（右から3番目を指す）。象なんか見えないけど…。

> **発問のしかけ**
> 子どもの発言をあえて間違えた解釈で問い返し，基準を表す言葉を引き出す。

C 違う！ そこじゃない！ それは右から。
C 象は左から3番目だよ。
C どっちから数えたかちゃんと言わないと，場所がわからないよ。
C 右から3番目だ。
C 後ろから数えたら，6番目。

問題をテレビに映します

黒板には図を用意して説明させます

❷子どもの曖昧な表現を取り上げ，なかなか伝わらない経験をさせる

　次に，象を隠していた壁を少しの間だけ動かすと，下図の中央のような状況が表れ，壁はまた元に戻ります。残念ながら，教師はこの場面を見逃してしまいます。

　すると子どもは，自分たちが知っている動物の場所を，教師になんとか伝えようとまた必死になり，様々な表現を用い始めます。

問題提示のしかけ
教師が見ていない間に，テレビ画面の壁が動き，また元に戻るように提示する。

C　あー，動いた！　動物が見えたよ。
C　いっぱいいる。象だけじゃない！
T　えっ，何が見えたの？
C　オオカミがいたよ。
C　ヤギ，ヤギ。あと，うさぎもいた。
T　え，オオカミにヤギにうさぎまでいたの？　オオカミはどこにいたの？
C　そこそこ（指さして）。左の方。象より左。
C　1番前はオオカミだったよ。
C　2番目も！
C　2番目だと，後ろから2番目もそうだよ。
C　さっきと違うから難しい…。

「先生，動物が見えるよ！」伝えたい気持ちがあふれます

❸オオカミの隠れている場所を表現させる

　ここでプリントを配って自分の考えるオオカミの場所の表し方を書かせ，その後，学級で共有します。子どもにとって理解のしやすい順序数を用いた表現から取り上げ，次に集合数を用いた表現を取り上げることで，両者の違いに気づきやすくします。

T　オオカミはどこにいるの？
C　オオカミは左から1番目と2番目の壁の後ろにいます。

C 同じです。でも違う言い方です。ぼくは後ろから…。
T ストップ！　□□くんは，「後ろから…」の後，何と言おうとしたと思いますか？

> **指名・発表のしかけ**
> 1人にすべてを説明させず，続きを全体に問い返し，考えさせる。

C 「後ろから7番目と8番目」って言おうとしてたと思う。
C 他の言い方もある。オオカミは左から2つの壁に隠れています。
T （左から2番目の壁を指して）「2つ」ってここ？
C 違う違う！　そこもそうなんだけど，そこだけじゃない。
C それは，左から2番目。「左から2つ」って言ったら，1番目と2番目の2つのこと。
C どっちも「2」だけど意味が違う。ぼくたちの列で言ったら，「前から2人」はこの2人でしょ。でも「前から2番目」はこの人だけでしょ。
T あぁ，「2つ」は，いっぺんに2人のことを言ってるんだね。

友だちの考えを予想して，代わる代わる発表します

教室の列に置き換えて説明しています

❹ヤギの場所の表現を考えさせる

オオカミの場所の表現で自信をつけた子どもたちは，ヤギの場所の表し方も考え始めます。オオカミの場所の表し方を考えたときの表現方法を活用して，以下のように様々な表現を考えます。

・左から4，5，6，7番目。
・左から4番目から4匹。
・象の右の4匹。

ペアでお互いの表現を確認します

このように，ゾウやオオカミの問題で用いた表現をヤギやうさぎの場所を表すときにも用いることができるか考え判断させることで，他の場面でも活用できることを自覚させます。

（志田　倫明）

| 1年 | かたちあそび | ペア学習 | グループ学習 | 学級全体での練り上げ |

ぴったりくっついている形，何種類できるかな？

○（学級全体での練り上げ）

●この授業で育成したい資質・能力

知識・技能	思考力・判断力・表現力等	学びに向かう力・人間性等
数量や図形などについての基礎的・基本的な概念や性質などの理解 ●	日常の事象を数理的に捉え，見通しをもち筋道を立てて考察する力 ●	数量や図形についての感覚を豊かにするとともに，数学的に考えることや数理的な処理のよさに気付き，算数の学習を進んで生活や学習に活用しようとする態度
日常の事象を数理的に表現・処理する技能	基礎的・基本的な数量や図形の性質や計算の仕方を見いだし，既習の内容と結びつけ統合的に考えたり，そのことを基に発展的に考えたりする力	数学的に表現・処理したことを振り返り，批判的に検討しようとする態度 ●
数学的な問題解決に必要な知識	数学的な表現を用いて事象を簡潔・明瞭・的確に表したり，目的に応じて柔軟に表したりする力	問題解決などにおいて，よりよいものを求め続けようとし，抽象的に表現されたことを具体的に表現しようとしたり，表現されたことをより一般的に表現しようとするなど，多面的に考えようとする態度

1 授業の概要

　三角形の色板で前時に自由につくった形の中から，2枚でできたもの（本時では星型）を取り上げ，「他に，2枚でどんな形ができるかな？」と投げかけます。すると，ちょうちょ，船，平行四辺形など，様々な形ができ上がります。その中で，平行四辺形のような形を「ぴったりくっついている形」と定義づけします。その後，2枚でできる「ぴったりくっついている形」を考えると，全部で3種類できます。同様に3枚で考えると，4種類できます。ここで，「＋1」になっているきまりから，「4枚では，5種類できそうだ」という予想が出ます。一方，1枚のときは1種類しかできないことから，「＋1」のきまりは当てはまらないという意見も出ます。こうした予想を通して，「早くつくってみたい」という意欲を高め，実際に調べると，14種類もあることに子どもたちは驚きます。

2 問題

　色板でできた右のような形を「ぴったりくっついている形」とします。
　2枚，3枚，4枚と増やしていくとき，何種類ずつできるでしょう。

3 授業のねらい

色板を使ってかたち遊びする中で，条件を設けることにより，きまりを考えさせたり，そのきまりを確かめさせたりする。

4 授業展開

❶「ぴったりくっついている」を定義づける

色板2枚でできる形を数種類取り上げ，その中で，「ぴったりくっついている形」についての共通認識をはかります。

T 前回の授業で，色板2枚を使って，星（右写真）をつくってくれた子がいました。2枚だと他にどんな形ができるかな？
C たくさんできたよ。

T この中で，「ぴったりくっついている」ものは，どれかな？
C ④と⑤が，そうだね。
C ④は（右図の矢印部分が）違うよ。
T では，⑤のような形を「ぴったりくっついている形」としましょう。

指名・発表のしかけ

「ぴったりくっついている」を定義づけしやすいように，④，⑤のような形が最低でも1種類は出るように指名する。

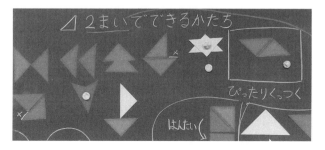

「ぴったりくっついている」をクラスで定義づけます

❷「ぴったりくっついている形」が何種類できるのかを調べる

　定義した「ぴったりくっついている」をもとにして，他にどんな形ができるのか，そして，全部で何種類できるかを調べていきます。

T　2枚で「ぴったりくっついている形」は，他にどんなものができるかな？
C　たくさんできたよ。(右図)
C　でも，同じものがあるよ。
C　じゃあ，回転させたり，反対向きになっていたりするものは同じにしよう。
C　だったら，全部で3種類だね。(右図)

T　では，3枚だと，何種類できるか，やってみましょう。
C　これで，全部じゃないかな。(右図)
C　4種類だね。

何種類できるか調べてみよう

❸きまりを見つけ，それが正しいかどうか調べる

　2枚だと3種類，3枚だと4種類できることから，「4枚だと5種類できそうだ」という予想が出ます。この予想が正しいのかどうかを調べていきます。

C　わかった。4枚のときは，たぶん5種類できるよ。
T　みんな，どうして○○くんはこう考えたんだと思う？

> **発問のしかけ**
> 　1人の子の気づきを，その子に説明させるのではなく，全体に問い返すことで，その理由を考えさせ，全体での共通理解を深める。

C　2枚のときは3種類，3枚のときは4種類と，2枚から3枚で1種類増えているから，

4枚でも1種類増えて，5種類できそう，と考えたと思います。
C でもさ，1枚のときは1種類しかできないよ。
C さらにいうと，0枚のときは0種類だもんね。
C でもさ，もしかしたら，色板が2枚より多いときは，＋1になっているのかもよ。
C 先生，早く確かめてみたい！
T では，4枚のときを調べてみましょう。

> **まとめのしかけ**
> 見つけたきまりが正しいかどうかを活用する場面をつくり，意欲を掻き立てる。

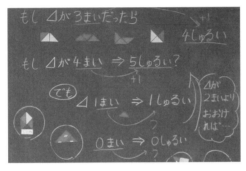

C わぁ，予想と違って，たくさんできた！（全部で14種類）

5 授業の最終板書

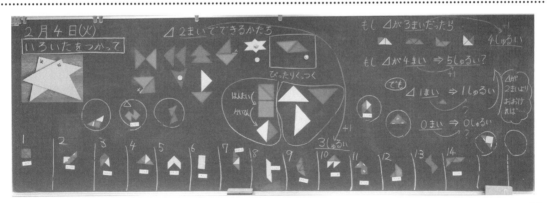

（山本 大貴）

【参考文献】
・『新版 小学校算数 板書で見る全単元・全時間の授業のすべて 1年下』（東洋館出版社）

1年　たし算とひき算

「3」が入らない理由を考えよう！

	ペア学習	グループ学習	学級全体での練り上げ
	○		○

●この授業で育成したい資質・能力

知識・技能	思考力・判断力・表現力等	学びに向かう力・人間性等
数量や図形などについての基礎的・基本的な概念や性質などの理解	日常の事象を数理的に捉え，見通しをもち筋道を立てて考察する力	数量や図形についての感覚を豊かにするとともに，数学的に考えることや数理的な処理のよさに気付き，算数の学習を進んで生活や学習に活用しようとする態度
●		
日常の事象を数理的に表現・処理する技能	基礎的・基本的な数量や図形の性質や計算の仕方を見いだし，既習の内容と結びつけ統合的に考えたり，そのことを基に発展的に考えたりする力	数学的に表現・処理したことを振り返り，批判的に検討しようとする態度
	●	●
数学的な問題解決に必要な知識	数学的な表現を用いて事象を簡潔・明瞭・的確に表したり，目的に応じて柔軟に表したりする力	問題解決などにおいて，よりよいものを求め続けようとし，抽象的に表現されたことを具体的に表しようとしたり，表現されたことをより一般的に表現しようとするなど，多面的に考えようとする態度
	●	

1 授業の概要

　子どもを2人1組のペアにして，1～6の数字カードを1枚ずつと，「+」「-」の書かれたカードを3枚ずつ配ります。手を動かしながら考えることができるように，カードの大きさに合わせた台紙も用意しておくとよいでしょう。

　授業のポイントは，鏡のように似ているペアが最低1組掲示されるのを待つことです。この「鏡のペア」の存在に気づけば，黒板上でまだペアになっていないものを探せばよいので，再度時間を取って考えさせれば，全員にできる喜びを味わわせることができます。

　最後に，完成したものの一番上に注目すると，「3」だけがないことに気がつきます。この「3」が一番上に入らない理由を考えさせます。

2 問題

　□の中に1～6，○（実際の授業では赤い□）の中に「+」か「-」を入れて，3つの式を完成させましょう。

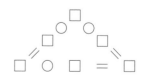

3 授業のねらい

楽しく計算に習熟させるとともに、「できない」理由を考え、筋道立てて説明できるようにする。

4 授業展開

❶問題を2人1組で考える

ルールが確認できたところで問題を提示します。算数が苦手な子でも手を動かして考えることができるように、下の写真のような台紙を用意しておきます。

T 今日のルールが理解できたところで、同じようにこれ（右図）を考えてみましょう。
C 難しそう…。
T 今度は、□の中に1～6を、○の中に「＋」か「－」を入れていきます。

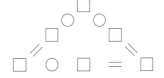

指名・発表のしかけ
でき上がった式は別紙に書き込み、黒板に貼らせる。

2人1組で数字カードを動かしながら考えます

❷「鏡のペア」の存在に気づく

自力解決を途中で止め、黒板に貼られた式に同じものや間違っているものがないかを確認していきます。その中で、鏡のように似ているペアの存在に気づかせます。

第2章 主体的・対話的で深い学び30

T いったん手を止めて。黒板に貼られたものの中に，同じものや，間違えてしまっているものはないか探してみましょう。

> **板書のしかけ**
> 「鏡のペア」のものを意図的に並べ，その存在に気づかせる。

C あれとあれ（下写真）は，同じじゃないかな？
C ちょっと違うよ。右と左が逆で，鏡のようになってるよ。
C 確かに，右斜めと左斜めが反対になっていて，下は「＋」と「－」も違うね。

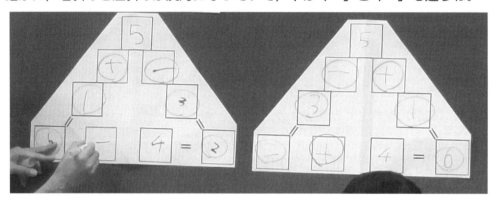

「鏡のペア」の例

C でも，こうやって考えていけば，他にもまだまだできそうだね！

❸「3」が一番上に入らない理由を考える

全部で12種類（下記）を並べてみると，一番上に「3」がないことに気がつき，子どもたちは「3」を入れてもできると類推します。しかし，「6」の入る場所を考えると，「3」が一番上には入りません。このことを1年生らしい言葉で，演繹的に説明させます。

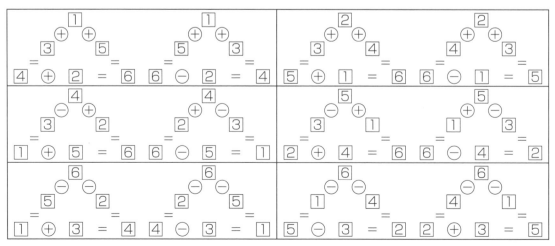

T　これで全部出たかな？

> **発問のしかけ**
> 一番上に「3」が入っているものがないことを，教師が示すのではなく，子どもに気づかせる。

C　まだ，ありそうだよ。だって，一番上に「3」が入るものが出てないから。
C　本当だ。じゃあ，「3」が一番上にくる式を考えてみよう。
　（少し時間を与えて考えさせる）
C　「3」が一番上に入るものは，できないかもしれないよ。だって，「6」は，端にしか入れられないから。

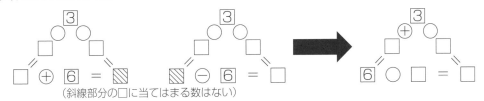

C　たしかに。6は，3と3に分けられるから，3がもう1つ必要になるんだね。だから，「3」が一番上にくる式は，できそうにないね。

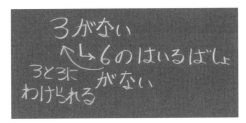

1年生らしい言葉で説明させます

5　授業の最終板書

（山本　大貴）

2年 水のかさのたんい

そのはした，どう表したらいいかな？

ペア学習	グループ学習	学級全体での練り上げ
		○

●この授業で育成したい資質・能力

知識・技能	思考力・判断力・表現力等	学びに向かう力・人間性等
数量や図形などについての基礎的・基本的な概念や性質などの理解	日常の事象を数理的に捉え，見通しをもち筋道を立てて考察する力	数量や図形についての感覚を豊かにするとともに，数学的に考えることや数理的な処理のよさに気付き，算数の学習を進んで生活や学習に活用しようとする態度
		●
日常の事象を数理的に表現・処理する技能	基礎的・基本的な数量や図形の性質や計算の仕方を見いだし，既習の内容と結びつけ統合的に考えたり，そのことを基に発展的に考えたりする力	数学的に表現・処理したことを振り返り，批判的に検討しようとする態度
	●	●
数学的な問題解決に必要な知識	数学的な表現を用いて事象を簡潔・明瞭・的確に表したり，目的に応じて柔軟に表したりする力	問題解決などにおいて，よりよいものを求め続けようとし，抽象的に表現されたことを具体的に表現しようとしたり，表現されたことをより一般的に表現しようとするなど，多面的に考えようとする態度

1 授業の概要

　前時は，右にあるような自作の1Lます（1dL目盛りつき。2Lペットボトルで自作）と記録用紙①を使って，測定活動を行います。

　また，宿題として，家にあるものの測定も行ってこさせます。

　本時は，この記録用紙①の結果発表からスタートします。

　1人1つ全員に発表させ，いくつかを板書します。そして，「2dLちょっと」「2dL少し」「2dLと半分」などの，はしたの表現があるものを取り上げ，「どのかさが多いかわかりづらい」という問題点に気づかせます。

　そして，「じゃあ，どうしたらはしたを正確に表すことができるか」ということを「問い」にして，迫っていきます。

　次時は，mL（とcL）というdLのはしたを表す単位を使って，実際に測定をする授業です。

「色いろなもののかさ，しらべたい！」
　（　）組（　）名前（　　　）

はかるもの	つかった道ぐ	けっか
	1Lます	
	1Lます	
	1Lます	
	1Lます	
	1Lます	
	1Lます	
	1Lます	
	1Lます	
	1Lます	
	1Lます	

記録用紙①

2 問題

> 1dLにならないはしたをどうしたら正確に表すことができるか考えよう。

3 授業のねらい

> 自分だけのますの作成を通して小さい単位の必要感を引き出し、既習の内容を活用しようとする態度を育てる。

4 授業展開

❶かさ調べプリントの結果を全員が発表する

宿題のかさ調べプリントの結果を全員に発表させます。自作の測定器具（1Lます dL目盛りつき）で家のものを量ってきているので、算数が苦手な子でも意欲的に発表します。発表結果のはしたの表現から問いをもたせます。

T かさ調べプリントの結果を全員に発表してもらいます。
C はい！ お父さんのお茶碗、3dL ちょっと。
C はい！ コップ、3dL 少し。
（学級全員が発表）

> **板書のしかけ**
> はした表記のあるものを意図的に板書に残し、はしたを意識させる（学級の実態に合わせて板書するものを選ぶ。取り上げたいはしたの他に、一番容量の多いものなども板書すると盛り上がる）。

C 「3dL ちょっと」と「3dL 少し」、どっちが多いか、わかんないよ。
T どういうことか、だれか説明できる？（問い返し）
C 「ちょっと」と「少し」じゃ、意味が似ていて、どっちが多いか正確にわからないってこと。
T そうだね。（板書）「1dL にならないはしたをどうしたら正確にあらわすことができるかな？」を考えてみよう。

❷ 1 dL にならないはしたをどうしたら正確に表すことができるか考える

　自力解決の時間をとり，ノートで前の学習を振り返らせるなどして，既習事項から類推的に思考させます。

C　小さい目盛りをかく！
T　どういうこと？（問い返し）
C　1 dL より小さい単位をつくるってこと。
C　そうそう，だって，1 L にならないはしたのときは，1 dL をつくったもん。
C　長さも同じ！
T　では，どうやって，「1 dL より小さい単位」をつくるの？
C　1 dL を10に分けてつくる！
T　どういうこと？（問い返し）
C　1 dL は，1 L を10に分けた1つ分だったでしょ？　1 mm も 1 cm を10に分けたものでしょ？　だから1 dL も10に分ければいい！
C　そうそう！（多数）
C　単位は，きっと mL だよ！（先行知識がある子ども）

> **発問のしかけ**
> 「どういうこと？」と問い返すことで，子どもたちからキーワードを出させる。

❸ 1 dL より小さい単位について理解させる。

　1 dL より小さい単位 mL について，1 dL＝100 mL であることを理解させます。

T　君たちはするどいね。「1 dL より小さい単位」ってあるんです。
　　「mL」と書き，ミリリットルと読みます。
T　1 dL＝100 mL です。
C　ええー！
C　1 dL＝10 mL じゃないの～，なんで？
C　そんなのおかしいよ！
T　そうですね。実は，これは小学校では習わないし，あまり使われていないのだけど（6年で cL に触れている教科書もあります），1 dL を10個に分けた1つ分の単位があるんです。
　　それは，1「cL」です。センチリットルと読みます。1 dL＝10 cL なのです。

C やっぱり～。
T ちなみに，1L＝10 dL，1 dL＝10 cL，1 cL＝10 mL となってるんだよ。

　次時には，本時を受けて，1 dL ます（10 mL＝1 cL 目盛りつき）づくりを行います（右写真参照）。また，前時に使った容器を持ってこさせ，この 1 dL ますを使って，測定活動を行います。

　はしたを mL（cL）で表すことで，「はしたを正確に表すには 1 dL より小さい単位をつくるとよい」ということを体験させます。測定結果は，記録用紙①の右枠外に書き込ませます。記録用紙①は，この記入のために，わざと右枠外を広めに空けておくことがポイントです（前掲記録用紙①参照）。

　また，子どもたちは，新しい記録用紙を求めてくるので，記録用紙②（右図参照）を配付し，家にある容器を新しくつくった 1 dL ますを使って測定してくることを宿題とします。

記録用紙②

5 授業の最終板書

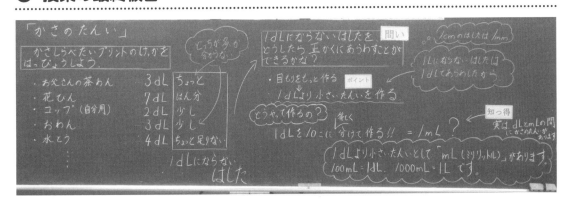

（三田　康裕）

2年	かけ算			
何が同じで，何が違うのかな？		ペア学習	グループ学習	学級全体での練り上げ
				○

●この授業で育成したい資質・能力

知識・技能	思考力・判断力・表現力等	学びに向かう力・人間性等
数量や図形などについての基礎的・基本的な概念や性質などの理解 ●	日常の事象を数理的に捉え，見通しをもち筋道を立てて考察する力	数量や図形についての感覚を豊かにするとともに，数学的に考えることや数理的な処理のよさに気付き，算数の学習を進んで生活や学習に活用しようとする態度 ●
日常の事象を数理的に表現・処理する技能	基礎的・基本的な数量や図形の性質や計算の仕方を見いだし，既習の内容と結びつけ統合的に考えたり，そのことを基に発展的に考えたりする力 ●	数学的に表現・処理したことを振り返り，批判的に検討しようとする態度
数学的な問題解決に必要な知識	数学的な表現を用いて事象を簡潔・明瞭・的確に表したり，目的に応じて柔軟に表したりする力	問題解決などにおいて，よりよいものを求め続けようとし，抽象的に表現されたことを具体的に表現しようとしたり，表現されたことをより一般的に表現しようとするなど，多面的に考えようとする態度

1 授業の概要

　本時の大きな流れは，①場面把握，②言葉の式，③立式，④計算の仕方の確認を2セット，そして「まとめ」です。

　かけ算の単元の導入をたし算の場面で行う（問題1）ことにより，かけ算の先行知識がない子も活躍することができます。

　続いて，かけ算の場面（問題2）を扱い，場面1と比較できるように左右に並べて板書します。こうすることで，問題2は問題1とは違い「全部の皿に同じ数がのせてある」ことに自ら気づくことができます。また，場面を言葉にして表す活動により，問題1では，「お皿に2匹，3匹，3匹…」と言わなければいけなかったのが，数が同じ問題2では，「お皿に3匹ずつ7皿」と簡単に言うことができ，かけ算を使うよさを実感させることができます。

　かけ算＝かけ算九九という偏った認識を脱し，「1つ分の数」と「いくつ分」を意識して，かけ算の意味を押さえることをねらった授業です。

2 問題

問題1　❶右の絵を見て，気がついたことを言い
　　　　　ましょう。
　　　　❷絵を式にして表してみましょう。
　　　　❸この式の計算の仕方を考えましょう。

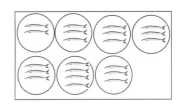

問題2　❶右の絵を見て，気がついたことを言い
　　　　　ましょう。
　　　　❷絵を式にして表してみましょう。
　　　　❸この式の計算の仕方を考えましょう。

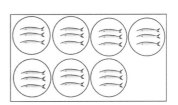

3 授業のねらい

　2つの問題場面がどのように違うのかを考えさせることを通して，1皿分の数と皿の枚数で，全体の数を表すことができることを理解させる。

4 授業展開

❶問題1について考える

　まず，問題1を提示し，子どものつぶやきを大切にしながら問題を把握していきます。

T　今日みんなで考える場面は，これ（問題1）です。
　絵を見てどんなことに気がつきますか？
C　数がばらばら…。
T　どういうこと？（問い返し）
C　皿の上にのっている魚の数が，2匹，3匹，3匹，3匹，3匹，4匹，3匹，とばらばらということ。
T　そうだね。この場面を言葉で表すと，「さんまがお皿に，2匹，3匹，3匹，3匹，3匹，4匹，3匹のっています」だね。
C　長っ！

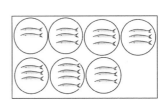

T　じゃあ，今度は，合わせて何匹になるか，式を書いて計算してみよう。
C　2＋3＝5，5＋3＝8，8＋3＝11…で，21です。

> **板書のしかけ**
> 子どもたちのつぶやきや問いに対する答えを板書に残す。

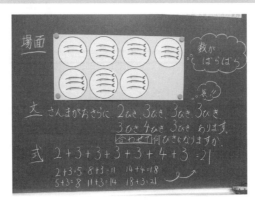

「数がばらばら」「2，3，3，3，3，4，3」などの言葉を子どもから引き出します

❷２つの場面を対比し，数がどのように違うのかを考える

　問題2を提示します。提示したときのつぶやきを大切にし，問題1の場面と対比をさせながら場面を把握していきます。

T　さて，次にみんなで考える場面はこれ（問題2）です。
C　あれ，さっきと同じ場面？
C　あ，今度は数が全部合ってる！
T　どういうことかわかる人いる？（問い返し）
C　（黒板に出て，絵を指さしながら）さっき（問題1）は，ばらばらにのっていたでしょ？でも，こっち（問題2）は，全部同じ数ずつのってるよ。
T　今，○○さんが言ったことがわからない人？
T　はい，今手をあげていなかった○○君，わかったことをわからない人に説明してみて。
C　さっきはばらばらの数で，今度のは3匹ずつ，7皿全部同じ。

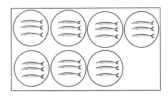

> **指名・発表のしかけ**
> 問い返し発問でキーワードを引き出し，「わかった人」ではなく「わからなかった人」を確認したうえで，わかった子どもに説明をさせる。

T そうだね。今回の場面を言葉で表すと,どうなるかな？
C さんまがお皿に3匹,3匹,3匹,3匹,3匹,3匹,3匹のってます。
C なんかめんどくさい！
C やりづらそう…。
T 合わせて何匹になるか,式を書いてみよう。
C 3＋3＋3＋3＋3＋3＋3。わかりづらいなあ…。答えは21だ。
T なるほど。今回の場面は,言葉で表しても,式で表しても,なんだかめんどくさいし,やりづらいし,わかりづらいんだね。
T だれか,さんまがお皿に3匹,3匹…を違う言い方で言えないかな？
C 3が7こ。
T どういうことかわかる人いる？（問い返し）
C お皿にさんまが3匹ずついて,それが7皿あるってこと。
T そうですね。この文を式にすると,「3×7」と表します。これを「さんかけるなな」と読み,「かけ算」と言います。
C すっきりした。めんどくさくない！
T 答えはさっき計算した通り21ですね。かけ算の答えはたし算で出せるんです。
（「場面1も4匹のさんまのうち1匹を2匹の皿にうつせば3×7になる」と気づく子どもがいたら,大いにほめる）

❸ 3つの視点からまとめをする
①「同じ数がいくつかある場面」を扱ったこと。
②同じ数ずつあるときは,「〇ずつ,△分」という言い方で全部の量がとらえられ,「〇×△」で表すことができること。
③かけ算の答えは,たし算で求めることができること。

5 授業の最終板書

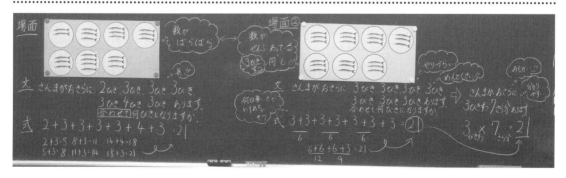

（三田　康裕）

2年	分数

交換できるものと，できないものの違いは何？

ペア学習	グループ学習	学級全体での練り上げ
○		○

●この授業で育成したい資質・能力

知識・技能	思考力・判断力・表現力等	学びに向かう力・人間性等
数量や図形などについての基礎的・基本的な概念や性質などの理解	日常の事象を数理的に捉え，見通しをもち筋道を立てて考察する力	数量や図形についての感覚を豊かにするとともに，数学的に考えることや数理的な処理のよさに気付き，算数の学習を進んで生活や学習に活用しようとする態度
●	●	
日常の事象を数理的に表現・処理する技能	基礎的・基本的な数量や図形の性質や計算の仕方を見いだし，既習の内容と結びつけ統合的に考えたり，そのことを基に発展的に考えたりする力	数学的に表現・処理したことを振り返り，批判的に検討しようとする態度
●		●
数学的な問題解決に必要な知識	数学的な表現を用いて事象を簡潔・明瞭・的確に表したり，目的に応じて柔軟に表したりする力	問題解決などにおいて，よりよいものを求め続けようとし，抽象的に表現されたことを具体的に表現しようとしたり，表現されたことをより一般的に表現しようとするなど，多面的に考えようとする態度

1 授業の概要

　長方形の画用紙を1枚のパンに見立て，2種類のパンを半分にして交換する場面について考えます。正方形ではなく，長方形にすることで，半分の仕方として，「縦に折る」「横に折る」といった，ぴったりと重ねればできるものと，「対角線で折る」などの切って重ねなければ確かめられないものの両方のタイプを扱えるおもしろさがあります。

　そして，半分になったものを「もとの大きさの$\frac{1}{2}$」ということを指導した後，一人ひとりに画用紙を配り，自由に$\frac{1}{2}$にして友だち同士交換するよう投げかけます。その様子を見て，「交換した形が違ってもいいの？」と尋ねると，「もとの大きさが同じだから大丈夫」と返ってきます。また，黒板掲示用の大きいものと交換しようとすれば，「それは，もとの大きさが違うからダメ」と，「もとの大きさ」に着目することの大切さも味わわせることができます。

2 問題

長方形の形をした2種類のパンがあります。どちらも食べられるように、半分ずつにして交換しましょう。

3 授業のねらい

もとの大きさを半分にした大きさを「二分の一」といい、$\frac{1}{2}$と表すことを理解させる中で、「もとの大きさ」の大切さに着目させる。

4 授業展開

❶問題場面を理解する

2種類のパンをどちらも食べたいという場面から、「半分ずつにする」という言葉を子どもたちから引き出す。

T 長方形の形をした2種類のパンがあります。
（実際の授業では、1枚は赤色、1枚は黄色）
C 赤がジャムパンで、黄色がレモンパンだね。
T 1枚分しか食べられないなら、どっちが食べたい？
C ジャムパン、レモンパン…、どっちも食べたい！
T どっちも食べたいなら、どうすればいいかな？
C 半分ずつにして、交換すればいいね。

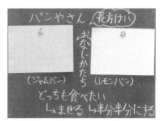

> **問題提示のしかけ**
> 子どもの生活経験にある場面を通して、「半分」という言葉を子どもから引き出す。

❷半分にする方法を考え、それを確かめる

半分にする方法として、「縦に折る」「横に折る」というぴったり重なるものと、「対角線で折る」などの切って重ねるものを、1つずつ確かめていきます。

T では、パンを半分にしてみよう。
C こうすれば半分になるよ。(右図)
T これで、半分になっているの？
C 辺や角や頂点が、ぴったり重なっているから、半分になってる。
C だったら、こんな半分の仕方もあるよ。(右図)
C これも、ぴったり重なっているから半分になってるね。
C こんな半分の仕方は、どうかな。(右図)
T でも、これはぴったり重なってないから、半分では、なさそうだね。

> 発問のしかけ
> 子どもを揺さぶる問い返しをすることで、「切る」意見を引き出す。

C 折った線に沿って切ってみて重なれば、半分になっていることがわかるよ。

問い返すことで子どもを揺さぶります

C こんな折り方では半分にならないかな？(右図)
C これもさっきと同じように、切って重なるか確かめてみればいいね。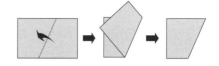
T このように、同じ大きさに分けた1つ分を、もとの大きさの$\frac{1}{2}$と表します。

❸「もとの大きさ」を意識する

もとの大きさが同じであれば、形が違っても$\frac{1}{2}$であることは変わらず、もとの大きさが異なれば、$\frac{1}{2}$の大きさも変わることを理解させる。

T では，みんなも$\frac{1}{2}$にして，近くの友だちと交換しましょう。

（黒板用とは異なるサイズの画用紙を1人1枚ずつ配付する）

> **まとめのしかけ**
> 黒板用と児童操作用のサイズを変えることで，「交換できない」という言葉を引き出し，その理由として「もとの大きさ」の大切さを意識させる。

友だちと半分ずつ交換する

T 形が違っても，交換できるのかな？（右図）
C どちらも同じ半分だから大丈夫だよ。
T じゃあ，先生の（黒板掲示用）とも交換できる？
C 先生のやつは，もとの大きさが違うから交換できない。

T もとの大きさが変わると，$\frac{1}{2}$の大きさも変わってしまうということだね。

5 授業の最終板書

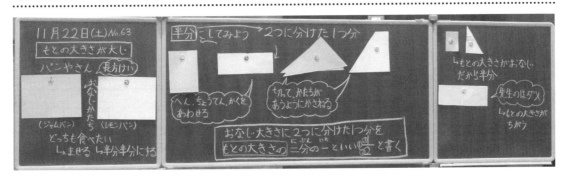

（山本　大貴）

3年　かけ算の筆算

どんな数でも きまりが使えるかな？

ペア学習	グループ学習	学級全体での練り上げ
		〇

●この授業で育成したい資質・能力

知識・技能	思考力・判断力・表現力等	学びに向かう力・人間性等
数量や図形などについての基礎的・基本的な概念や性質などの理解	日常の事象を数理的に捉え，見通しをもち筋道を立てて考察する力	数量や図形についての感覚を豊かにするとともに，数学的に考えることや数理的な処理のよさに気付き，算数の学習を進んで生活や学習に活用しようとする態度
日常の事象を数理的に表現・処理する技能 ●	基礎的・基本的な数量や図形の性質や計算の仕方を見いだし，既習の内容と結びつけ統合的に考えたり，そのことを基に発展的に考えたりする力 ●	数学的に表現・処理したことを振り返り，批判的に検討しようとする態度
数学的な問題解決に必要な知識	数学的な表現を用いて事象を簡潔・明瞭・的確に表したり，目的に応じて柔軟に表したりする力	問題解決などにおいて，よりよいものを求め続けようとし，抽象的に表現されたことを具体的に表現しようとしたり，表現されたことをより一般的に表現しようとするなど，多面的に考えようとする態度 ●

1 授業の概要

　1～9の数字カードが1枚ずつあります。最初に，1，2，3のカードを使って，かけ算の筆算（□□×□）の□に数字を当てはめて，答えを最大にするという問題を出します。

　その問題が解決したら，4，5，6の3つの数字，7，8，9の3つの数字…と条件を変えて問題を考えます。子どもは3つの数字の置き場所のパターンに気づくでしょう。

　最後には，1～9の数字カードの中から，子どもに適当に3つの数字を選んでもらい，同じように答えが最大の筆算づくりをします。任意に選んだ3つの数字でもパターン通りに置けば最大になることを発見するという授業です。

2 問題

　（1～9の数字カードを見せて）1，2，3の3枚の数字カードを□に当てはめて，答えが最大になる筆算をつくりましょう。

3 授業のねらい

答えが最大になる筆算をつくるための方法を帰納的に見つけ，その方法がいつでも使えるかどうかを考えさせる。

4 授業展開

❶ 1, 2, 3の数字で考える

1, 2, 3, 4, 5, 6, 7, 8, 9の9枚の数字カードを提示します。その中の1, 2, 3の3枚の数字カードを自然に取り上げ「1, 2, 3の3枚の数字カードを□に当てはめて，答えが最大になる筆算をつくりましょう」という問題を示します。

T それでは，まず1, 2, 3の数字カードを使って，答えが一番大きくなる筆算をつくってみようか。

> **問題提示のしかけ**
> 1〜9の数字カードを提示しておくことで，1, 2, 3を考察した後にも異なる数字で考えていくことを暗示する。教師から次の指示を出すのではなく，子どもから，例えば「2, 3, 4でも考えみたい」といった発言が出てくることを期待したい。

T まず，1はどこに置けばいいと思う？ ここだと思うところで手をあげてね。ここだと思う人？ ここ？ ここ？（3か所の□を順に指し示す）

T どうしてここ（被乗数の一の位）だと思ったの？

C だって，かけられる数の十の位だと答えが小さくなるし，かける数に入れても答えが小さくなるからです。

> **発問のしかけ**
> 考察の焦点を絞り，みんなで共有したい見方を確認する。

T では，2と3の入れ方を自分で考えてみよう。

C できました！

T では，発表しよう。
　（意図的に2つの筆算を取り上げるようにする）
C どちらが大きいのかな？

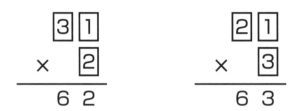

C 答えが1違いだ！
T 計算してみるとおもしろいね。
　（この後，なぜ1違いになるのかを考えさせる展開もある。一の位の計算の違いが答えの違いになることを演繹的に説明させる）

❷ 4, 5, 6 や 7, 8, 9 で考える
T 次は，どの数字カードで考えてみようか。
C 4, 5, 6がいいと思います。
T まず，どの数字の場所を考えようか？
C 4です。だって，さっきの問題では，1はかけられる数の一の位でした。だから，同じように一番小さい数は，かけられる数の一の位に入れると思います。
T 本当に4はかけられる数の一の位かな？　つくりながら確かめてみて。
C できました！
T では発表してください。
　（「似たような答えの計算はなかったかな？」と発問し，意図的に2つの筆算を取り上げて比較する）

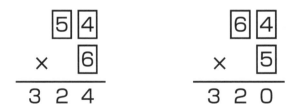

　（なぜ4違いなのか演繹的に説明したい子が現れたら，取り上げる展開も考えておく）
C （残っている数字カードを見て）先生，次は7, 8, 9でしょ？
C もうわかったよ！
T まだ計算していないのに，どうしてもうわかったの？
C 大丈夫，今までの筆算を見ればわかるよ！

T わかった，と言っている人もいるけど，7，8，9で筆算をつくってみよう。
C できました！

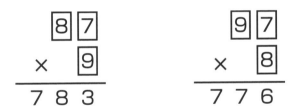

（87×9が本当に最大であることを確かめるためにも，97×8の筆算と比較する）
T どうやって考えたの？
C 一番小さい数はかけられる数の一の位，二番目の数はかけられる数の十の位，一番大きい数はかける数に置けばいいです。
C 今までの筆算もみんなそうなってます。

> **発問のしかけ**
> すぐにできたという子どもに，どのようにつくったか問うようにして，帰納的な思考を引き出す。

❸一般化を目指して，任意の3つの数字で考える

最後に，任意の数でも同じようにきまりを使って問題解決できることを経験させます。

T 最後に，好きな3つの数を選んで考えてみよう。きまりが使えるかな？
C 3，6，8がいいです。
T では，この3つの数で答えが最大になる筆算をつくってみよう。
C やっぱり，きまりが使えます！

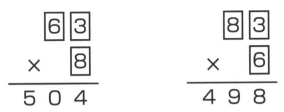

T 今日は，答えが一番大きい筆算をつくるためにどのように考えたらよかったですか？
C きまりを見つけて，それを使って筆算をつくったら簡単にできることがわかりました。
C どんな3つの数でもきまりが使えることがわかりました。

（盛山　隆雄）

3年　円と球

式の意味を図で説明しよう！

	ペア学習	グループ学習	学級全体での練り上げ
	○		○

● この授業で育成したい資質・能力

知識・技能	思考力・判断力・表現力等	学びに向かう力・人間性等
数量や図形などについての基礎的・基本的な概念や性質などの理解	日常の事象を数理的に捉え，見通しをもち筋道を立てて考察する力	数量や図形についての感覚を豊かにするとともに，数学的に考えることや数理的な処理のよさに気付き，算数の学習を進んで生活や学習に活用しようとする態度
日常の事象を数理的に表現・処理する技能 ●	基礎的・基本的な数量や図形の性質や計算の仕方を見いだし，既習の内容と結びつけ統合的に考えたり，そのことを基に発展的に考えたりする力	数学的に表現・処理したことを振り返り，批判的に検討しようとする態度
数学的な問題解決に必要な知識	数学的な表現を用いて事象を簡潔・明瞭・的確に表したり，目的に応じて柔軟に表したりする力 ●	問題解決などにおいて，よりよいものを求め続けようとし，抽象的に表現されたことを具体的に表現しようとしたり，表現されたことをより一般的に表現しようとするなど，多面的に考えようとする態度 ●

1 授業の概要

　お楽しみ会に使う輪飾りを扱った問題です。1つの輪飾りの円の内側と外側の半径の長さを基に，3つの輪飾りの端から端までの長さを求めます。多様な求め方を式や図で表現しながら，簡単な求め方やいつでも使える求め方についてみんなで考察します。

2 問題

　右のような同じ大きさの輪を3つなげた輪飾りがあります。

　端から端までの長さは何cmですか。

　1つの輪の外側の円の半径は6cm，内側の円の半径は4cmです。

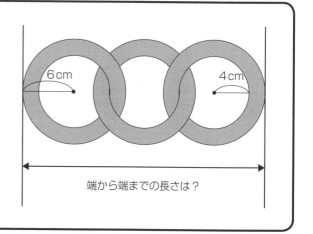

3 授業のねらい

円の半径や直径の長さを用いて輪飾りの端から端までの長さを求めることを通して，自分の考えを式や図に表現し，よりよい求め方について考察させる。

4 授業展開

❶ 3つの輪の場合で考える

3つの輪がつながった輪飾りの端から端までの長さについて考える問題を提示し，子どもと対話しながら問題の条件を伝えます。

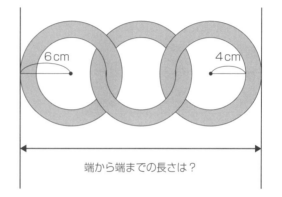

T　それでは，自由に考えてみよう。自分の考えは式や図に書いて。
　　（図がかいてあるワークシートを配付する）
C　できました。
T　それでは，発表してもらいます。

> **指名・発表のしかけ**
> 半径を用いて解決している方法から自然に取り上げるようにし，直径を用いた方がよりすっきりと簡単であることを感じさせるようにする。

C　$4 \times 6 = 24$
　　$2 \times 2 = 4$
　　$24 + 4 = 28$　　答え　28cm

T　この式はどのように求めたのだろう。図を使って説明できますか？まずはペアで話し合ってみよう。

C　4×6というのは，このように半径4cmが6つ分あるという意味です。2×2は，輪飾りの太さの部分が両端に2つあるという意味です。

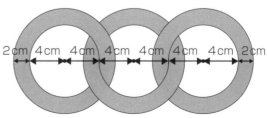

第2章　主体的・対話的で深い学び30　43

> **発問のしかけ**
> 式を発表させたら，その式を全員に読ませ，図を使って説明させるようにし，一つひとつの考えの意味を共有しながら授業を展開していくようにする。
> （以後，発問のしかけとして説明しないが，他の考えにおいても同様）

C　その考えをもっと簡単にしました。
　　$8 \times 3 = 24$
　　$2 \times 2 = 4$
　　$24 + 4 = 28$　　答え　28 cm

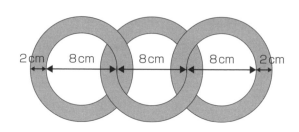

T　どこが簡単になったのかな？
　　（他の子どもに問う）
C　半径ではなく直径の長さを使ったので，すっきりしました。
C　私は，このように計算しました。
　　$10 \times 2 = 20$
　　$20 + 8 = 28$　　答え　28 cm

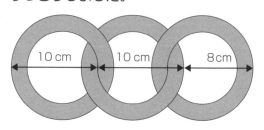

T　この考えのいいところはどこ？
C　10のまとまりができているので，計算しやすいです。
C　私はひき算を使いました。
　　$12 \times 3 = 36$
　　$4 \times 2 = 8$
　　$36 - 8 = 28$　　答え　28 cm

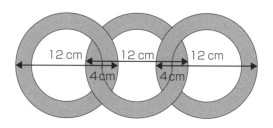

T　これは，どういう意味かな？
　　ペアで話し合ってみよう。
C　1つの輪飾りの端から端までは12 cmです。それが3つ分だから$12 \times 3 = 36$。でも，重なっているところがあるから，そこの長さをひきます。その部分が$4 \times 2 = 8$なので，$36 - 8 = 28$になります。

> **発問のしかけ**
> 発表のときには，友だちの式を読ませるだけでなく，その考えのよさを問い，子どもたち自身に価値づけさせる。

❷輪の数を増やして，考えを一般化する

T　輪が5個だったら長さはどう
　　なるかな？
C　できるよ。
T　輪が3つのときに発表された
　　4つの考えの中から好きな考
　　えを1つ選んで求めてみよう。
　　（図が入ったワークシートを配付する）

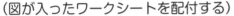

C　8×5＝40　2×2＝4　40＋4＝44　　答え　44cm
C　10×4＝40　40＋8＝48　　　　　　答え　48cm
C　12×5＝60　4×4＝16　60－16＝44　答え　44cm
C　あれっ？　1つだけ48cmって答えがある。変だなあ…。

❸なぜ48cmになったか，問いを追究する

T　48cmの答えになった理由を，ペアで図を使って考えてみよう。
C　そうか，わかった。
C　10cmは最初の2か所だけで，
　　あとは8cmになるんだね。
C　だったら,10cmは両端の部分
　　にして，あとは8cmにした方
　　がきれいだよ。
C　そうか。この考えは「8×5＝
　　40　2×2＝4　40＋4＝44」
　　の考えと同じだ。
T　どういうこと？
C　端の2cmと直径の8cmを合
　　わせて10cmにしたから両端に10cmができただけだと思います。だからだいたい同じ。
T　同じと言っている意味，わかるかな？　ペアをつくって話してみよう。

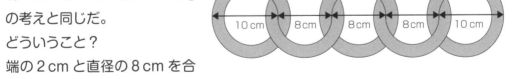

> **発問のしかけ**
> 問題を発展させて考察させるとき，今まで出ている考えの中から1つを選択させて考えさせるという手法は，限られた時間の中で一般化の議論をするときに有効。

（盛山　隆雄）

3年　かけ算の筆算

どうして答えが同じになるのかな？

ペア学習	グループ学習	学級全体での練り上げ
		○

●この授業で育成したい資質・能力

知識・技能	思考力・判断力・表現力等	学びに向かう力・人間性等
数量や図形などについての基礎的・基本的な概念や性質などの理解 ●	日常の事象を数理的に捉え，見通しをもち筋道を立てて考察する力	数量や図形についての感覚を豊かにするとともに，数学的に考えることや数理的な処理のよさに気付き，算数の学習を進んで生活や学習に活用しようとする態度
日常の事象を数理的に表現・処理する技能	基礎的・基本的な数量や図形の性質や計算の仕方を見いだし，既習の内容と結びつけ統合的に考えたり，そのことを基に発展的に考えたりする力 ●	数学的に表現・処理したことを振り返り，批判的に検討しようとする態度 ●
数学的な問題解決に必要な知識	数学的な表現を用いて事象を簡潔・明瞭・的確に表したり，目的に応じて柔軟に表したりする力 ●	問題解決などにおいて，よりよいものを求め続けようとし，抽象的に表現されたことを具体的に表現しようとしたり，表現されたことをより一般的に表現しようとするなど，多面的に考えようとする態度

1 授業の概要

　12×63と21×36の2種類のかけ算を黒板に書いていきます。次に，「どちらの積が大きくなりそうですか？」と尋ね，予想させます。そうすると，子どもは「計算をして確かめたい！」という気持ちになり，暗算や筆算で計算し始めます。

　その結果，どちらの積も等しくなることに驚き，計算の不思議さに心が揺さぶられます。そこで，「どうして，一の位と十の位をひっくり返しても，積が等しくなるのだろう？」という問いが生まれ，自力解決や練り上げに進みます。

　それから，どんな2桁の数を選んでも，上のように積が等しくなるのかを調べます。すると，ある数の場合は等しくなったり，ならなかったりするので，どんな2桁の数を選べば，一の位と十の位をひっくり返しても積が等しくなるのか，条件を考えます。

2 問題

　12×63と（それぞれの一の位と十の位の数字をひっくり返した）21×36の答えは，どちらが大きくなると思いますか。

3 授業のねらい

> 一の位と十の位の数字を入れ替えて計算しても，積が等しくなる2桁×2桁の計算の不思議さに触れさせ，そのわけを考えさせる。

4 授業展開

❶問題から課題を生み出す

12×63と21×36の答えはどちらが大きいかを予想させ，計算して確かめたいという意欲を引き出します。計算した結果，どちらの答えも同じになることから，「どうして一の位と十の位をひっくり返しても，答えが同じになるのだろう？」という問いが生まれます。

T　12×63と21×…。（板書をここで止めて，子どもの反応を待つ）
C　36！（大多数）
T　どうして36だと思ったの？
C　かけられる数が12から21になったから。
C　十の位と一の位がひっくり返っているから，63から36になると思う。
T　12×63と，その十の位と一の位の数字をそれぞれひっくり返した21×36では，どちらの答えが大きくなりそうですか？
C　12×63！（やや多め）　あれ，もしかしたら同じかな？（だんだん多くなる）
T　では，実際に計算してみよう！（筆算で計算する子が多い）

> **発問のしかけ**
> 一の位と十の位をひっくり返してかけても積が同じになることから，子どもの心を揺さぶる。

自力解決後，子どもたちは積が同じになることに驚き，「（一の位と十の位をひっくり返して計算しても）どうして答えが同じになるの？」という課題（問い）が生まれます。

❷答えが同じになるわけを考える

答えが同じになるわけを，部分積を省略していない筆算を手がかりに考えていきます。

T　どんな計算をしたのか，黒板に書いた筆算を見てみましょう。

> **板書のしかけ**
> 　省略のない筆算を並べ，同じ4つの部分積の和になっているから，積が同じになることに気づかせる。

C　4つの同じ数が出てくる！（下写真）
C　でも，120と30の出てくる順番が逆！2段目と3段目の数が入れ替わっている。
C　6+30+120+600＝756。6+120+30+600＝756。
C　一の位と十の位をひっくり返しても，1段目と4段目の数は同じで，2段目と3段目も順番が入れ替わってるだけで数は同じだから，答えは同じになるんだね。

省略のない筆算の部分積に注目しています

C　図でも考えられる！（4つの部分積の和の広さが等しい。最終板書参照）

❸他の2桁×2桁の計算でも調べる

　「2桁×2桁の計算では，一の位と十の位をひっくり返して計算すると，積が等しくなる」わけを考えたので，どんな2桁×2桁でもそうなるか，自分で好きな4つの数字を選んで考えます。すると，積が等しくなる子とならない子が出てくるので，「どんな4つの数字を選ぶと，ひっくり返したときに積が等しくなるのか」を追究していきます。

T　他の2桁×2桁の計算でも，一の位と十の位をひっくり返したら，答えは同じかな？

> **発問のしかけ**
> 　他の場合を調べることで，「いつでも積が等しくなるのか」「どんなときに積が等しくなるのか」を追究させる。

C できた！ 34×86＝2924。43×68＝2924。
C 僕もできた！ 63×24＝1512。36×42＝1512。
C 14×57＝798。41×75＝3075。あれ？ 全然答えが違うな…。
C できるときとできないときがあるなぁ…。4つの数をただ選んで，ひっくり返すのではなくて，何か条件がありそう。
T 一の位と十の位にどんな数字を選べば，答えは同じになるんだろう？
（少し時間を与えて考えさせ，再び追究する）
C 34×86の場合は　6×4＝　　24　　　43×68の場合は　8×3＝　　24
　　　　　　　　　6×30＝　180　　　　　　　　　　8×40＝　320
　　　　　　　　　80×4＝　320　　　　　　　　　　60×3＝　180
　　　　　　　　　80×30＝2400　　　　　　　　　　60×40＝2400
C 6，4，8，3の4つの数字を選んでいるから…。
C あっ，わかった！　6×4＝8×3＝24で同じだ。
63×24の場合は，6×2＝3×4＝12。
12×63の場合は，1×6＝2×3＝6。
C 一の位と十の位をひっくり返しても，1段目と4段目の数が同じになるのはそういうことか！
C 一の位同士，十の位同士をかけた答えが等しいときに，ひっくり返しても答えが同じになる。だから，答えが同じになる九九を探せばいい！

5 授業の最終板書

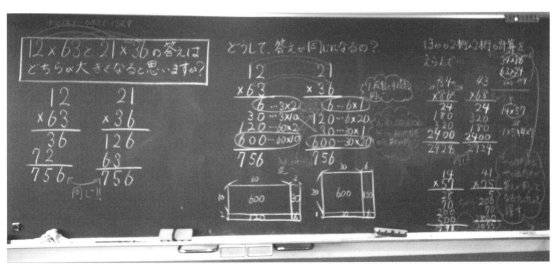

（岡部　寛之）

4年	わり算の筆算

どうして商が11ずつ あまりが1ずつ増えるの？

ペア学習	グループ学習	学級全体での練り上げ
		○

●この授業で育成したい資質・能力

知識・技能	思考力・判断力・表現力等	学びに向かう力・人間性等
数量や図形などについての基礎的・基本的な概念や性質などの理解 ●	日常の事象を数理的に捉え，見通しをもち筋道を立てて考察する力	数量や図形についての感覚を豊かにするとともに，数学的に考えることや数理的な処理のよさに気付き，算数の学習を進んで生活や学習に活用しようとする態度
日常の事象を数理的に表現・処理する技能	基礎的・基本的な数量や図形の性質や計算の仕方を見いだし，既習の内容と結びつけ統合的に考えたり，そのことを基に発展的に考えたりする力 ●	数学的に表現・処理したことを振り返り，批判的に検討しようとする態度 ●
数学的な問題解決に必要な知識	数学的な表現を用いて事象を簡潔・明瞭・的確に表したり，目的に応じて柔軟に表したりする力	問題解決などにおいて，よりよいものを求め続けようとし，抽象的に表現されたことを具体的に表現しようとしたり，表現されたことをより一般的に表現しようとするなど，多面的に考えようとする態度

1 授業の概要

　わり算の筆算に習熟するには，アルゴリズムを正しく理解したうえで繰り返し練習する必要があります。しかし，ただ筆算の練習をするだけでは，子どもの意欲は次第に低下してしまいます。そこで，楽しく計算練習をさせるために，きまりを見つける問題にアレンジしました。わられる数の百の位を□にすることで，子どもが自由に数字を当てはめながら計算練習ができます。これらの計算を通して，①商が11ずつ増える，②あまりが1ずつ増える，というきまりを発見したり，商とあまりの変化から筆算の仕組みをより深く理解したりすることができます。

2 問題

□の中に1～9の数字を当てはめて，計算しましょう。

$$9 \overline{)\square 4 5}$$

3 授業のねらい

商とあまりの変化の規則性を考えながら，楽しくわり算の筆算に習熟させる。

4 授業展開

❶□の中に数を入れて計算する

まずは，□45÷9の筆算を黒板に書き，子どもたちにどんな問題なのかを予想させます。百の位が□になっている，□の中にいろいろな数を当てはめて計算できる，など，子どもの気づきを認めながら，みんなで一緒に問題をつくっていきます。

T □の中に1～9を入れて計算しましょう。
C 全部解くのには時間がかかりそうだな…。
C そうだね，とりあえず順番にやってみよう。
　（□の中に1から順番に数を入れて計算をする）

> **問題提示のしかけ**
> □の中に数を当てはめて計算し，どのような規則性があるかを考えさせる。

子どもの計算（1から順番に□の中に数を入れています）

❷見つけたきまりについて話し合う

自力解決に入ってしばらくすると，子どもから「きまりが見つかった」という声が上がります。一方，1から順番に地道に計算している子もいます。そこで，きまりが見つかった子にヒントを出させながら，全員できまりを見つける楽しさを感じさせます。

第2章 主体的・対話的で深い学び30

C あっ，きまりがありそうだよ！ きまりを使うと全部計算しなくてもよさそうだよ。
T そうなの？ たまたまじゃないのかな？
C 3つくらい計算すると，きまりがみえてくるよ。
T では，どんなきまりなのかヒントが出せるかな？
C 商とあまりに注目するとわかる。
C わかった！ 商が11ずつ，あまりが1ずつ増えていく。
T どういうこと？
C 145÷9，245÷9，345÷9…の商が11ずつ，あまりが1ずつ増えるってこと。

> **板書のしかけ**
> 筆算を画用紙に書いて黒板に貼り，順番に並べ替えて整理できるようにさせる。

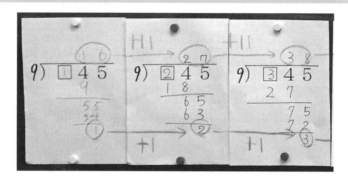

画用紙を並べ替えながら，きまりが見えるようにします

❸なぜ，商が11ずつ，あまりが1ずつ増えるのかを考える

「どうして商が11ずつ，あまりが1ずつ増えるのか」を問うことで，商とあまりの変化から筆算の仕組みをより深く理解させることができます。また，□の中に9を当てはめて解くときまりは成り立たなくなりますが，商を1小さくすることであまりを9とみることもできます。

T どうして商が11ずつ，あまりが1ずつ増えるのかな？
C □に当てはまる数を1大きくすると，わられる数が100大きくなる。
C 例えば，145と245を比べると，わられる数が100大きい。
C この100に注目すると，100÷9＝11あまり1になるね。
C わられる数が100増えるということは，いつも商が11，あまりが1増えるということか！
C でも，□に9を当てはめたときは，商は12増えるけど，あまりが0になっちゃうよ。

T 本当だ。きまりが成り立たなくなるね。
（少し時間を与えて，考えさせる）
C わかった！ あまり9は絶対にない！ だって，あまりが9なら，もう1回われるから。
C でも，商を1小さくして，あまりを9とみれば，このきまりはまだ成り立ちそうだよ。

> **発問のしかけ**
> 「きまりが成り立たなくなるね」と揺さぶることで，商を1小さくすれば，同じきまりが成り立つことに気づかせる。

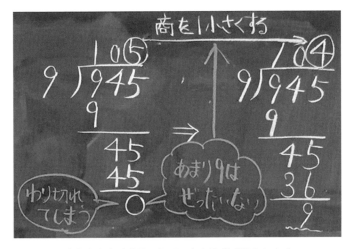

商を1小さくすることで，きまりが成り立ちます

5 授業の最終板書

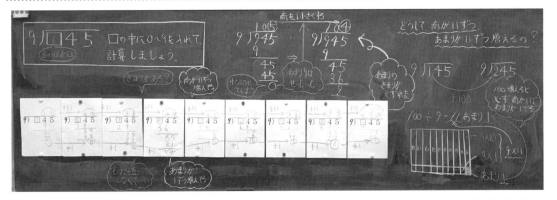

（沖野谷英貞）

4年	わり算の筆算	ペア学習	グループ学習	学級全体での練り上げ
当たりくじってどんなくじ？				○

●この授業で育成したい資質・能力

知識・技能	思考力・判断力・表現力等	学びに向かう力・人間性等
数量や図形などについての基礎的・基本的な概念や性質などの理解 ●	日常の事象を数理的に捉え，見通しをもち筋道を立てて考察する力	数量や図形についての感覚を豊かにするとともに，数学的に考えることや数理的な処理のよさに気付き，算数の学習を進んで生活や学習に活用しようとする態度
日常の事象を数理的に表現・処理する技能	基礎的・基本的な数量や図形の性質や計算の仕方を見いだし，既習の内容と結びつけ統合的に考えたり，そのことを基に発展的に考えたりする力 ●	数学的に表現・処理したことを振り返り，批判的に検討しようとする態度
数学的な問題解決に必要な知識	数学的な表現を用いて事象を簡潔・明瞭・的確に表したり，目的に応じて柔軟に表したりする力 ●	問題解決などにおいて，よりよいものを求め続けようとし，抽象的に表現されたことを具体的に表現しようとしたり，表現されたことをより一般的に表現しようとするなど，多面的に考えようとする態度 ●

1 授業の概要

　授業開始前に，黒板にわり算くじ（当たりくじは，裏に赤いシールが貼ってあります）を貼っておきます。そして，授業の冒頭，子どもたちに「わり算くじ引きをしよう」と持ちかけます。次に，ルールを共有するため，何人かの子どもにわり算くじを引かせてみます。すると，子どもたちから，

　「残念！　外れや」

　「やったー，当たった！」

といった反応があります。こうして，

　「自分も当たりくじを引きたい」

　「いったいどのくじが当たりなんだろう？」

といった参加意識を高めるのです。少なくとも当たりくじが３枚出るまでくじ引きを継続します。きまりを見いだすために，３枚は最低限必要だからです。

　「きまりを見つけた！」

という声が子どもたちから出てきたら，

　「どういうこと？」

と問い返したりしながら，そのきまりに徐々に迫っていきます。

2 問題

```
わり算くじ引きをしよう。      100÷7    107÷9    112÷6
                          116÷9    118÷7
当たりくじってどんなくじ？    125÷9    127÷8    134÷9
                          139÷9    143÷9
                  148÷9    152÷9
```

3 授業のねらい

楽しみながら除法の筆算形式に慣れさせ，くじに潜むきまりを追究させる。

4 授業展開

❶わり算くじを引く

わり算くじを実際に引いてみることから授業をスタートさせます。

T 今日は，「わり算くじ引き」をします。当たりくじには，くじの裏に赤いシールが貼ってあります。わり算くじを引きたい人？
C （たくさんの子どもが挙手）
C あー，外れや〜。
C やった，当たった！

```
100÷7    107÷9    112÷6
    116÷9    118÷7
125÷9    127÷8    134÷9
    139÷9    143÷9
148÷9    152÷9
```

> **問題提示のしかけ**
> わり算くじは，黒板全体を使い，可能な限りばらばらに貼って提示する。

全体の場で実際にわり算くじを引かせます

❷きまりのヒントを言う

　くじ引きを繰り返していくうちに，当たりくじのきまりに気づく子どもが現れ始めます。その際，その子どもたちにきまりをズバリ言わせるのではなく，きまりに気づくためのヒントを発言させ，少しずつ核心に迫っていくようにします。

> **板書のしかけ**
> 　当たりくじコーナーと外れくじコーナーに分けて，1枚1枚のくじを貼らせていく。

C　どれが当たりくじかわかった！
T　それってどういうこと？　他の子たちが気づくためのヒントを言える？
C　カードを並べ替えたらいい。
C　わる数が……。
C　あまりが……。

❸きまりを見つける

　子どもの言葉をていねいにつなぎ合わせながら，少しずつきまりに迫っていきます。

C　あまりがある。
C　あまりが8になってる。
C　わる数が9になってる。
C　でも，わる数が9でも，あまりが8になっていない式もあるよ。
T　それって，例えばどんな式？

> **発問のしかけ**
> 子どもの発言が抽象的なときは，その具体例を子どもの言葉として引き出すように問い返す。

C 139÷9。だって，わる数が9だけど，あまりが4になってしまう。
C だったら，148÷9もだよ。わる数が9だけど，あまりが4。
C …ってことは，わる数が9で，あまりが8になってたら当たりってことや！

当たりくじのきまりに少しずつ迫っていきます

授業終了後には，「先生が貼ったくじ以外にも当たりくじがある！」と言いながら，161÷9，170÷9…といった式をノートに書き，さらに追究する子どもの姿がありました。

5 授業の最終板書

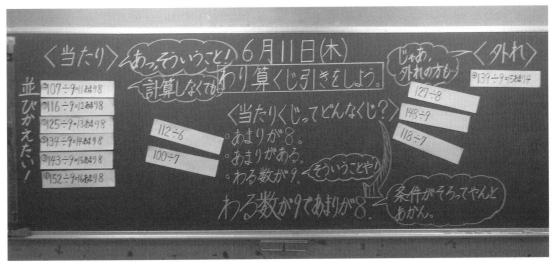

（西井　良介）

4年 垂直・平行と四角形

どの四角形の対角線かな？

	ペア学習	グループ学習	学級全体での練り上げ
	○		○

●この授業で育成したい資質・能力

知識・技能	思考力・判断力・表現力等	学びに向かう力・人間性等
数量や図形などについての基礎的・基本的な概念や性質などの理解	日常の事象を数理的に捉え，見通しをもち筋道を立てて考察する力	数量や図形についての感覚を豊かにするとともに，数学的に考えることや数理的な処理のよさに気付き，算数の学習を進んで生活や学習に活用しようとする態度
日常の事象を数理的に表現・処理する技能	基礎的・基本的な数量や図形の性質や計算の仕方を見いだし，既習の内容と結びつけ統合的に考えたり，そのことを基に発展的に考えたりする力	数学的に表現・処理したことを振り返り，批判的に検討しようとする態度
数学的な問題解決に必要な知識	数学的な表現を用いて事象を簡潔・明瞭・的確に表したり，目的に応じて柔軟に表したりする力	問題解決などにおいて，よりよいものを求め続けようとし，抽象的に表現されたことを具体的に表現しようとしたり，表現されたことをより一般的に表現しようとするなど，多面的に考えようとする態度

1 授業の概要

授業の導入で，6種類の四角形がかかれたワークシートを配付して，向かい合う頂点を直線で結ばせ，「対角線」という用語の指導をします。

その後，①〜⑥の6つの四角形の対角線のみを提示して，ひし形（③）や正方形（④）など，わかりやすいものから順番に，どの四角形の対角線なのか考えさせていきます。ワークシートにかいた対角線と提示された対角線を比較したりしながら，四角形の対角線の特徴について主体的に考察します。

2 問題

①から⑥は四角形の対角線です。それぞれどの四角形の対角線でしょう。

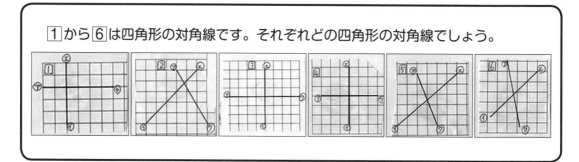

3 授業のねらい

自分で調べたことを根拠に，示された対角線がどの四角形のものなのかを考える活動を通して，いろいろな四角形の対角線の特徴を理解させる。

4 授業展開

❶わかりやすい対角線から該当する四角形を予想する

6種類の四角形がかかれたワークシートを配付し，それぞれの四角形の名前を確認してから向かい合う頂点を結ばせて，「対角線」という言葉を指導します。

次に，1～6の6つの四角形の対角線のみを提示し，それぞれどんな四角形の対角線かを考えさせます。ワークシートの6種類の四角形に自分でかき込んだ対角線と，黒板に提示された1～6の6つの四角形の対角線を比較しながら，考察します。

T 何番の対角線が考えやすいかな？
C 3と4はひし形だとすぐわかります。

> **問題提示のしかけ**
> 1から6の対角線は黒板に提示するのみにとどめ，導入時に配付したワークシートにかいた対角線の特徴と比較，考察させる。

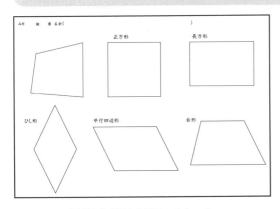
子どもに配付するワークシート

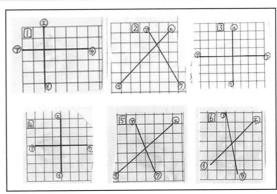
黒板に提示する1～6の対角線

❷ひし形と正方形の対角線について考察する

ワークシートのひし形の対角線と3，4の対角線の共通点を全体で確認すると，多く

の子どもがどちらも垂直に交わっていることに着目します。その際，1の対角線も垂直に交わっていることを伝え，対角線の長さが違うことや，対角線がそれぞれの真ん中の点で交わっていないことに気づかせます。

T 3と4の対角線がひし形の対角線だとわかるのはなぜですか？
C 自分でかいたひし形の対角線も，垂直に交わっていたからです。
T 1も対角線が垂直に交わっていますが，これもひし形の対角線ですか？
C 1はひし形の対角線じゃないよ。
C 3も4も対角線がそれぞれの真ん中の点で交わってるけど，1は違います。
C 4は正方形じゃないかな？
C 3は対角線アウが8マス，対角線イエが6マスで長さが違うけれど，4は対角線が2本とも6マスで同じ長さだ。
C 自分でかいた正方形の対角線も，2本が同じ長さで，垂直に交わっているよ。

> **指名・発表のしかけ**
> 「垂直に交わっている」「同じ長さ」といった発言は，黒板上の図のどの部分のことを言っているのか，ペアで全員に確認させてから教師が板書する。

❸平行四辺形，長方形，台形の対角線について考察する

ワークシートの平行四辺形と長方形を調べると，どちらも2本の対角線がそれぞれの真ん中の点で交わっていること，平行四辺形は対角線の長さが違うことがわかってきます。台形については，対角線の長さが違うこと，対角線がそれぞれの真ん中の点で交わっていないことから判断させます。等脚台形には，対角線が垂直に交わるものや，2本の対角線の長さが同じになるものもあります。そのような台形も取り上げれば，2本の対角線がそれぞれの真ん中で交わる四角形と，台形の対角線の交わり方の違いがより明確になります。

C 5は平行四辺形の対角線じゃないかな？
T 対角線のどんなところを調べますか？　少し考えてみましょう。
C （ワークシートの）平行四辺形の2本の対角線は，それぞれの真ん中の点で交わっているよ。だから，5の対角線アウと対角線イエが交わっているところが，2本の対角線の真ん中かどうかを調べたいです。
C （調べてみて）やっぱり5も対角線が真ん中の点で交わってる。
T では，5が本当に平行四辺形の対角線か，辺をかいて確かめましょう。

C　やっぱり，⑤は平行四辺形だ！　だったら，⑥も平行四辺形じゃない？
T　⑥も2本の対角線がそれぞれの真ん中の点で交わっているか確かめてみましょう。
C　確かに⑥も対角線がそれぞれの真ん中の点で交わってる。やっぱり平行四辺形かな。
C　あれ!?　長方形になったよ。
T　長方形と平行四辺形の対角線は何が違うのかな？　調べてみましょう。
C　長方形は対角線の長さも同じだ！

> **発問のしかけ**
> 　長方形は対角線の長さが同じで，平行四辺形は違うことに子どもが着目していない場合は，先に⑤，⑥がどのような四角形の対角線か明らかにしてから，長方形と平行四辺形の対角線の違いは何かを問い，子どもに調べさせるようにする。

T　では，②はどんな四角形の対角線かな？
C　ワークシートの台形の対角線も，長さが違うし垂直に交わっていないから，台形じゃないかな。

❹それぞれの四角形の対角線の同じところと違うところに着目し，まとめる
　①〜⑥の対角線の図がどの四角形のものか明らかになったら，「2本の対角線が垂直に交わる四角形」「2本の対角線の長さが等しい四角形」「2本の対角線がそれぞれの真ん中の点で交わる四角形」という観点でまとめます。

T　3つのうちどれが多かったかな？
C　2本の対角線がそれぞれの真ん中の点で交わる四角形が多かったです。
C　正方形，ひし形，長方形，平行四辺形がそうです。
C　正方形とひし形は対角線が垂直に交わっているけど，他の2つは違うよ。
T　正方形とひし形の同じところはどこでしょう？
C　4つの辺が同じ長さの四角形というところです。

> **まとめのしかけ**
> 　本時の学習についてまとめていく過程で，対角線の特徴が同じ四角形は，他にどのような共通点があるか考えさせることで，それぞれの四角形の定義や性質と関連づけて考えられるようにする。

（大村　英視）

4年　垂直・平行と四角形

どんな四角形ならしきつめられる？

	ペア学習	グループ学習	学級全体での練り上げ
	○		○

●この授業で育成したい資質・能力

知識・技能	思考力・判断力・表現力等	学びに向かう力・人間性等
数量や図形などについての基礎的・基本的な概念や性質などの理解 ●	日常の事象を数理的に捉え，見通しをもち筋道を立てて考察する力 ●	数量や図形についての感覚を豊かにするとともに，数学的に考えることや数理的な処理のよさに気付き，算数の学習を進んで生活や学習に活用しようとする態度 ●
日常の事象を数理的に表現・処理する技能	基礎的・基本的な数量や図形の性質や計算の仕方を見いだし，既習の内容と結びつけ統合的に考えたり，そのことを基に発展的に考えたりする力 ●	数学的に表現・処理したことを振り返り，批判的に検討しようとする態度 ●
数学的な問題解決に必要な知識	数学的な表現を用いて事象を簡潔・明瞭・的確に表したり，目的に応じて柔軟に表したりする力 ●	問題解決などにおいて，よりよいものを求め続けようとし，抽象的に表現されたことを具体的に表現しようとしたり，表現されたことをより一般的に表現しようとするなど，多面的に考えようとする態度 ●

1 授業の概要

　平行四辺形，ひし形，台形がすきまなくしきつめられそうかを尋ねます。すると，平行四辺形は「必ずできる！」とどの子も自信たっぷりに言いますが，台形は「しきつめられないかも…」という反応が返ってきます。

　こうして「実際にしきつめて確かめてみたい」という気持ちを高めたうえで，用意した図形の型紙で，手を動かしながらしきつめにチャレンジさせます。黒板用にも１つの図形について10〜15枚程度型紙を用意しておくと，みんなで確かめを行うとき便利です。

2 問題

　平行四辺形，ひし形，台形はすきまなくしきつめることができるでしょうか。

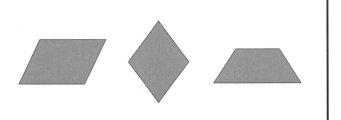

3 授業のねらい

図形のしきつめを通して，平面の無限の広がりや美しさに触れさせ，しきつめできる理由を辺の平行関係に着目して論理的に説明させる。

4 授業展開

❶「しきつめ」の意味を共通理解する

子どもは普段，床のタイルやお堀の石垣の岩などがしきつめられている場面を自然に目にしています。

そこでまず本時では，

❶形も大きさも同じ（合同）図形が並び，一面に広がる

❷その図形をすきまなく埋め尽くす

の2点を押さえ，授業で扱う「しきつめ」の意味を共通理解します。

T 今まで学習してきた平行四辺形，ひし形，台形はしきつめることができそうですか？
C できそう。すきまなくくっつけることができるから。
C できない。平行四辺形みたいに角がとがっていると，黒板の端に当たってしまって，すきまができるから。
C 「しきつめ」という言葉の意味がよくわからない…。並べること？

> **板書のしかけ**
> 身の回りに見られるしきつめの写真を用意し，算数の授業では形も大きさも異なるものでしきつめられたものではなく，形も大きさも同じものでしきつめることを確認する。

石垣のしきつめ（合同でない）

石ころのしきつめ（合同でない）

タイルのしきつめ（合同）

❷それぞれの四角形をしきつめる（ペア学習）

3つの四角形について予想させると，子どもは「実際に図形をしきつめたい！」という気持ちになるので，操作して確かめさせます。

T　3つの四角形のうち，どの四角形だったらしきつめられそうですか？

> **問題提示のしかけ**
> 3つの四角形のしきつめを同時に考えることで，それぞれの四角形の特徴や性質を比較させたり，図形相互の関連を導いたりする。

C　平行四辺形はしきつめできる。（大多数）
C　ひし形もしきつめできる。（大多数）
C　台形はできなそう…。（半分）
C　いや，できるよ！（半分）
C　実際に試してみたい！
T　では，実際にしきつめできるかやってみよう。

平行四辺形　　　　　　　　ひし形　　　　　　　　台形

C　台形も，ひっくり返して組み合わせたらできたよ！

❸しきつめできる根拠を考える

台形もしきつめできることがわかったら，改めて，3つの四角形がどうしてしきつめられたのかを振り返り，3つの四角形の性質を関連づけながら，統合的に考えます。

T　台形は，どうしてひっくり返すとしきつめできるの？
C　辺と辺同士をピッタシくっつけると，大きな平行四辺形になるから。
T　「大きな平行四辺形になる」ってどういうこと？
C　台形と台形を合体させると，平行四辺形になるってこと。
C　平行四辺形やひし形の中にも大きな平行四辺形が見えてきた！
C　本当だ，いっぱい大きな平行四辺形がある！
C　平行な帯がずっと続きそうだ。

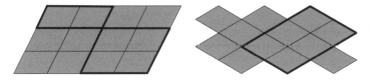

T 平行四辺形，ひし形や台形をしきつめると，どんな形が表れてきましたか？
C 大きな平行四辺形。
C 結局，全部，平行四辺形が並べられているのと一緒だ！
C だから，ひし形や台形もしきつめられるんだ。
T どうして，しきつめの中に大きな平行四辺形が見えてくると，この先もずっと，しきつめできそうだと思うのかな？ もっと調べなくてもいいの？

> **発問のしかけ**
> 平行四辺形と平行線の性質に関連づけて，しきつめできる根拠を追究させる。

C だって，平行四辺形が永遠に続くから，調べなくても絶対しきつめできるってわかる。
T どういうこと？
C 平行だから幅はずっと同じで，縦にも横にも斜めにもブワーって広がって埋め尽くす。
C わかった！ 平行だから絶対に交わることなく，ずっとその関係が続いて広がっていくんだ。
（下の写真のように，一般四角形のしきつめに発展させると5年の学習とつながる）

5 授業の最終板書

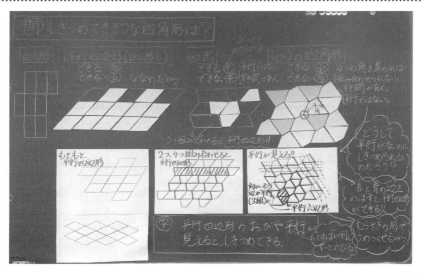

（岡部　寛之）

4年 計算のきまり

九九表の数を斜めにかけると答えが同じに!?

ペア学習	グループ学習	学級全体での練り上げ
		○

● この授業で育成したい資質・能力

知識・技能	思考力・判断力・表現力等	学びに向かう力・人間性等
数量や図形などについての基礎的・基本的な概念や性質などの理解	日常の事象を数理的に捉え，見通しをもち筋道を立てて考察する力	数量や図形についての感覚を豊かにするとともに，数学的に考えることや数理的な処理のよさに気付き，算数の学習を進んで生活や学習に活用しようとする態度
日常の事象を数理的に表現・処理する技能	基礎的・基本的な数量や図形の性質や計算の仕方を見いだし，既習の内容と結びつけ統合的に考えたり，そのことを基に発展的に考えたりする力	数学的に表現・処理したことを振り返り，批判的に検討しようとする態度 ●
数学的な問題解決に必要な知識 ●	数学的な表現を用いて事象を簡潔・明瞭・的確に表したり，目的に応じて柔軟に表したりする力 ●	問題解決などにおいて，よりよいものを求め続けようとし，抽象的に表現されたことを具体的に表現しようとしたり，表現されたことをより一般的に表現しようとするなど，多面的に考えようとする態度

1 授業の概要

　下の問題のように，九九表のある部分を四角に囲んだ角の数を斜めにかけると，答えが同じになり，これは九九表のどこでも言えます。そして，四角を大きくしても同様のことが起きるので，自然と「どうしてだろう？」という疑問がわきます。そこで，単元で学習してきた結合法則や交換法則などの計算のきまりを使い，その謎を解明します。ポイントは，九九表の数が2つの数のかけ算によって決まっていることに気づかせることです。

2 問題

　九九表のある部分を四角で囲み，角の数を斜めにかけます。
　○×○と△×△の答えは，どちらが大きくなるでしょうか。

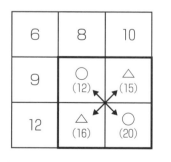

3 授業のねらい

九九表の数が2つの数のかけ算によって決まることに気づかせ、斜めにかけた答えが同じになる理由を、計算のきまりを使って考えさせる。

4 授業展開

❶様々な場所を四角で囲み、どこでも斜めにかけた答えが同じになることを確認する

九九表の様々な場所で確認することで、どんな場合でも斜めにかけた答えが同じになることを確認し、子どもの「どうして？」という気持ちを膨らませます。

T 九九表のどの部分でもいいのですが、四角で隠してみます。○×○と△×△では、どちらの答えが大きくなるかな？
C 12×20=240。16×15=240。
あれ、同じになった！　たまたまかな…？
T 他のところでもやってみますか？
C また同じになった！　どうして？

> **問題提示のしかけ**
> 様々な場所で確認することで、子どもから「どうして？」という疑問が起きやすくなる。また、囲む四角の大きさを広げたり、長方形にしたりしてもやってみる。

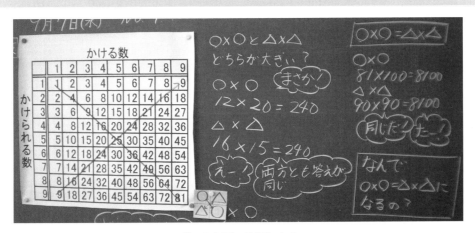

様々な場所で確認します

❷**九九表の数が２つの数のかけ算によって決まっていることを押さえる**

　どこでも斜めにかけた答えが同じになることを確認し，「どうしていつも答えが同じになるの？」という疑問を共有したら，自力解決を行います。

　自力解決が進まない子どもが多いときは，一度止めて，考えられた子どもからヒントを言わせるようにします。そして，「九九表の数が２つの数のかけ算によって決まっている」ということに気づかせます。

T　なかなか手が進まない人が多いようなので，ヒントを言える人いますか？
C　一つひとつの数が何と何をかけてできているのかを考えるといいです。
C　分解すればいいんだよ！　例えば，最初にやった12×20だったら，12を３×４，20を４×５とみればわかるよ！

発問のしかけ
　わかった子どもにすべて説明させて終わりにするのではなく，ヒントを言わせることで，自分で考えられる子どもを増やします。

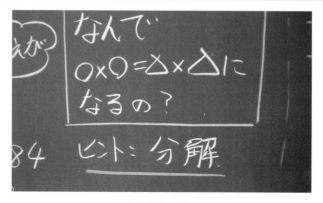

ヒントを黒板に残します

❸**斜めにかけると答えが同じになる理由をみんなで考える**

　❷の活動で気づかせた「九九表の数が２つの数のかけ算によって決まっている」ということを基に，みんなで考えます。「どこでも言えること」を考えるのですが，文字式を使って考えることはできないので，どこか１か所（例えば，12×20と16×15）を取り出して考えるようにします。

C　12×20であれば，12は３×４で，20は４×５で表すことができます。ということは，12×20は，（３×４）×（４×５）と表すことができます。

C　16×15なら，16は4×4で，15は3×5で表せます。だから，16×15は，(4×4)×(3×5)と表すことができる。

C　かけ算は，順番を変えて計算しても答えが変わらないというきまりがあるから，かけ算の数が同じならば答えも同じになる。

C　12×20＝3×4×4×5，16×15＝4×4×3×5，どちらもかけ算に出てくる数は3，4，4，5で同じ。だから，答えも同じになるんだよ。

C　他のところでもそうなっているよ。

> **板書のしかけ**
> かけ算に出てくる数が同じであることをわかりやすくするために，色チョークを使って，同じ数を同じ色で囲む。

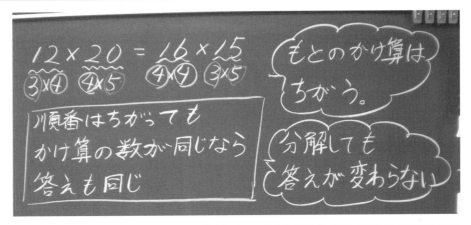

色チョークを使い，どちらも4つの同じ数をかけているから答えが同じになることを確認します

5　授業の最終板書

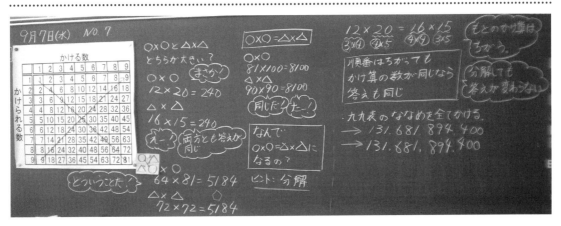

（加固希支男）

4年 面積のはかり方と表し方

形が違っても広さは同じ!?

ペア学習	グループ学習	学級全体での練り上げ
○		○

●この授業で育成したい資質・能力

知識・技能	思考力・判断力・表現力等	学びに向かう力・人間性等
数量や図形などについての基礎的・基本的な概念や性質などの理解	日常の事象を数理的に捉え，見通しをもち筋道を立てて考察する力	数量や図形についての感覚を豊かにするとともに，数学的に考えることや数理的な処理のよさに気付き，算数の学習を進んで生活や学習に活用しようとする態度
		●
日常の事象を数理的に表現・処理する技能	基礎的・基本的な数量や図形の性質や計算の仕方を見いだし，既習の内容と結びつけ統合的に考えたり，そのことを基に発展的に考えたりする力	数学的に表現・処理したことを振り返り，批判的に検討しようとする態度
	●	
数学的な問題解決に必要な知識	数学的な表現を用いて事象を簡潔・明瞭・的確に表したり，目的に応じて柔軟に表したりする力	問題解決などにおいて，よりよいものを求め続けようとし，抽象的に表現されたことを具体的に表現しようとしたり，表現されたことをより一般的に表現しようとするなど，多面的に考えようとする態度

1 授業の概要

　長方形の封筒の中に，封筒とぴったり同じ広さ（形，大きさ）のセロファンを入れます。次に，そのセロファンの入った封筒の右端を，垂直，斜め，波形などの形に切ります。そして，中のセロファンだけそれぞれ同じ長さ（4cm）だけ右にずらして，はみ出した部分の広さ比べをします（使用する封筒は，封筒とセロファンの重なっている部分などを比べやすいように，半透明のものを使います）。

　授業のポイントは，導入題で得た考え方を活用させることと，実際に操作しながら広さの関係を把握させていくことです。

2 問題

> 右のⅠ，Ⅱ，Ⅲの図形の中で一番広いのはどれでしょう。
> （図の詳細は次ページ参照）

3 授業のねらい

導入題で得た考え方を活用したり，図形を操作したりしながら，異なる形の面積（広さ）が同じになる理由を説明させる。

4 授業展開

❶導入題で本時の問題を解くための根拠となる考え方を得る

簡単な図形（長方形）を使って，形が違っても同じ広さ（面積）になる場合を考えさせます。本時の問題を解く際の１つの根拠になります。

T 同じ広さの長方形があります。重なっていない部分はどちらが広いかな？
C どちらも同じ広さになるよ。
C 重なっている部分が同じだと，形は違っても，残った部分は同じ広さになる。

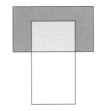

> **板書のしかけ**
> 本時の問題を解くときに使えるように，左端にさりげなく板書しておく。

❷問題場面を把握する

切り方を説明した後，どんな構造になっているのか確認していきます。その中で，封筒とセロファンが重なっている部分（B）に目を向けさせます。

そして，２人１組のペアごとに封筒を渡し，実際にセロファンを動かしてみながら考えさせます。

（実際の授業では，三日月形に切ったものも扱いました）

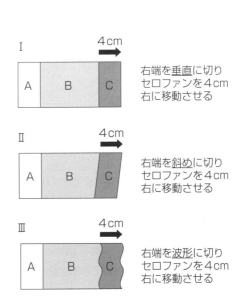

> **発問のしかけ**
> 左側の長方形の部分（A）と重なった部分（B）の存在には子どもたち自身に気づかせたいので，教師はそのことをあえて強調しない。

T　セロファンを4cmずつ右にずらしてみると，どれも元の図形からこのようにはみ出した部分（C）ができます。
C　どれも封筒の左に長方形の部分（A）が残っているね。
C　左側の長方形の部分とはみ出した部分は何か関係があるのかな？
C　重なった部分（B）もあるね。ここも何か関係があるのかもしれないね。
T　みんなにもこれと同じものを渡します。ペアで動かして試してみてください。

操作活動を入れながら図形の構成を考えさせます

❸導入題で得た考えも活用しながら，根拠をもって説明する

　ペアで図形を操作したり，ずらす前とずらした後の様子をかいたりすることを通して，左側の長方形の部分（A）の広さはⅠ～Ⅲのどれも同じであること，ずらす前の図形（A＋B）とずらした後の図形（B＋C）は広さが同じであることから，はみ出した部分（C）の広さもどれも同じであることに気づかせていきます。

導入題で得た考え方を黒板に残しておくことで，説明の根拠として活用させます

C　セロファンをずらしたのは，(Ⅰ～Ⅲの) どれも4cmだから，左側の長方形の部分 (A) の広さは全部同じだね。
C　あとは，最初にやった図形と同じように考えればいいんじゃない？
C　重なった部分をひいたら，広さが同じ，だったね。
T　今回は，平行四辺形や波形のものもあるけど，どうなの？
C　長方形と平行四辺形や波形で形は違うけれど，封筒とセロファンが重なっている部分 (B) は同じ。
C　元は同じ広さだから，長方形 (A) とはみだした部分 (C) の広さも同じってことか。
C　長方形はⅠ～Ⅲのどれも同じ広さだったから，はみだした部分の広さもⅠ～Ⅲのどれも同じってことだね。

斜線等をうまく用いて，A，B，Cの関係を確認していきます

5 授業の最終板書

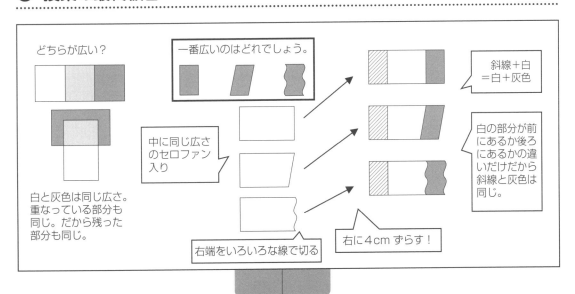

（中野　良喜）

4年 分数

なぜ、$\frac{3}{5}$の方が大きいの？

	ペア学習	グループ学習	学級全体での練り上げ
	○		○

● この授業で育成したい資質・能力

知識・技能	思考力・判断力・表現力等	学びに向かう力・人間性等
数量や図形などについての基礎的・基本的な概念や性質などの理解	日常の事象を数理的に捉え、見通しをもち筋道を立てて考察する力 ●	数量や図形についての感覚を豊かにするとともに、数学的に考えることや数理的な処理のよさに気付き、算数の学習を進んで生活や学習に活用しようとする態度
日常の事象を数理的に表現・処理する技能	基礎的・基本的な数量や図形の性質や計算の仕方を見いだし、既習の内容と結びつけ統合的に考えたり、そのことを基に発展的に考えたりする力	数学的に表現・処理したことを振り返り、批判的に検討しようとする態度
数学的な問題解決に必要な知識	数学的な表現を用いて事象を簡潔・明瞭・的確に表したり、目的に応じて柔軟に表したりする力	問題解決などにおいて、よりよいものを求め続けようとし、抽象的に表現されたことを具体的に表現しようとしたり、表現されたことをより一般的に表現しようとするなど、多面的に考えようとする態度

1 授業の概要

4年では、数直線上に並べた分数を見て、分母や分子が違っても大きさの等しい同値分数を見つける学習をします。本時は、この発展問題を子どもの問いを引き出せるようにアレンジしたものです。

先生対子どもで「大きい方が勝ち」というゲームを行います。まず既習内容の「分母が同じ場合」を扱い、その後、発展問題の「分子が同じ場合」を扱います。この「分子が同じ場合」は理解するのが難しい子が多いので、数直線を使った説明活動を学級全体だけでなく、ペア学習も取り入れて、すべての子が理解できるようにします。

2 問題

どちらが大きいでしょう。

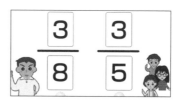

3 授業のねらい

分数の大小比較について，分子が同じときは分母が小さい方が大きいことを言葉や数直線を用いて理解させ，そのことを説明できるようにする。

4 授業展開

❶分子だけ同じ分数の大小比較に迷う

問題提示にはICTを用いました※。分母や分子の数字がスロットマシンのように変わり，クリックすると数値が決まります。子どもにクリックさせますが，予め数値を設定しているので意図的に迷う場面をつくることができます。この授業では「分母が同じ場合」の $\frac{3}{7}$ と $\frac{5}{7}$ を扱った後，「分子が同じ場合」の $\frac{3}{8}$ と $\frac{3}{5}$ を提示します。

C あぁ，負けちゃった…。
C えっ，わたしたちの勝ちじゃない？
T （どちらが勝ったと思うか挙手させた後） $\frac{3}{5}$ の方が大きいと思った人が多いけど， $\frac{3}{8}$ も何人かいるね。なぜだか説明できるかな？

> **問題提示のしかけ**
> ICTを活用し，どちらが大きいか子どもが迷う場面をつくる。

子どもがスロットを止めた様子

$\frac{3}{5}$ の方が大きいと思った子は挙手

❷学級全体で説明し合う

　自力解決後，子どもに理由を説明させます。言葉による説明が続く場合，教師から図や数直線で表すよう促します（分数の大きさを表す数直線は，前時までにかけるよう指導しておきます）。

T　どうして$\frac{3}{5}$の方が大きいのかな？

C　8等分すると1つ分が小さくて，5等分すると1つ分が8等分より長いから。

C　8等分の方が小さくなるから。

T　この説明を図で表せる人はいないかな？（挙手した子を指名）

C　（数直線をかいて）8等分した1つ分がこれくらいで，5等分した1つ分はこれくらいあるから，5等分の1つ分が大きいです。

T　どうして1つ分の大きさの話をしているかというと，どちらも3つ分同士だから1つ分の大きさだけで比べられるからだね。

> 発問のしかけ
> 「この説明を図で表せないかな？」と発問し，図や数直線を使うことを促す。

自力解決の様子

指で$\frac{1}{8}$と$\frac{1}{5}$の大きさの違いを説明しています

❸ペアで説明し合う

　数直線を使った説明には，等分したときの1つ分の大きさに着目するほかに，1に近いかどうかに着目する考え方もあります。このような考えをもった子がいた場合は発表させ，学級全体で分数に関する見方・考え方を深めるとよいでしょう。実際の授業では，ノートにこの考えを書いていた子が多数いたことから，ペアで説明し合わせることにしました。

　数直線を使った説明を学級全体とペアの2回取り入れたことにより，「分子が同じ場合」の比べ方について，ほとんどの子が理解を深めることができました。

T ほかに $\frac{3}{5}$ の方が大きいという説明はありますか？（挙手した子を指名）

C 分数は1に近いと大きいから，1に近いのは $\frac{3}{5}$ の方。

T お，新しい考え！ さっきの図でも説明できそうです。おとなりに説明してみよう。

T （ペアでの説明後）みんなの前で説明できる人はいますか？（挙手した子を指名）

C $\frac{3}{5}$ は $\frac{1}{5}$ があと2つで1，$\frac{3}{8}$ は $\frac{1}{8}$ があと5つで1だから，$\frac{3}{5}$ の方が大きい。

> **発表・指名のしかけ**
> 理解を深めさせたい場合は，学級全体での説明後，ペアでも取り組ませる。

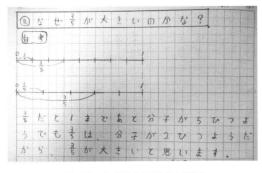
1に近いかどうかで考えた説明

ペアになって説明し合います

5 授業の最終板書

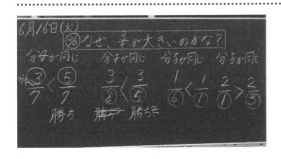

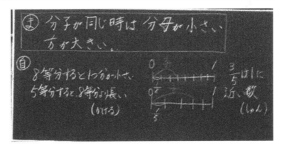

（種市　芳丈）

※右のQRコードからアクセスすると，その動画を視聴可能です。

5年 直方体や立方体の体積

○方体の体積を求めよう！

	ペア学習	グループ学習	学級全体での練り上げ
			○

● この授業で育成したい資質・能力

知識・技能	思考力・判断力・表現力等	学びに向かう力・人間性等
数量や図形などについての基礎的・基本的な概念や性質などの理解 ●	日常の事象を数理的に捉え，見通しをもち筋道を立てて考察する力 ●	数量や図形についての感覚を豊かにするとともに，数学的に考えることや数理的な処理のよさに気付き，算数の学習を進んで生活や学習に活用しようとする態度 ●
日常の事象を数理的に表現・処理する技能	基礎的・基本的な数量や図形の性質や計算の仕方を見いだし，既習の内容と結びつけ統合的に考えたり，そのことを基に発展的に考えたりする力 ●	数学的に表現・処理したことを振り返り，批判的に検討しようとする態度
数学的な問題解決に必要な知識 ●	数学的な表現を用いて事象を簡潔・明瞭・的確に表したり，目的に応じて柔軟に表したりする力	問題解決などにおいて，よりよいものを求め続けようとし，抽象的に表現されたことを具体的に表現しようとしたり，表現されたことをより一般的に表現しようとするなど，多面的に考えようとする態度

1 授業の概要

　はじめに，立方体と直方体のどちらかわからない図を提示して，「体積を求めましょう」と投げかけます。このとき，立方体の場合と直方体の場合に分けて考えを整理していきます。直方体の場合を考える際は，「横の長さが3cmなら」と数値を具体的に当てはめて確認しながら授業を進めると，どの子も一緒に考えることができます。

　この授業では，体積の求め方の理解を深めるだけでなく，「もし…なら」と，仮定して考える力をはぐくむことができます。授業の終盤では，高さと体積が比例の関係であることにも気づきが広がるので，これを大切に取り上げていきます。

2 問題

　右の○方体の体積を求めましょう。
（辺の長さは整数の値のみです）

3 授業のねらい

立方体と直方体の体積の求め方について理解を深めるとともに,「もし立方体なら」「もし直方体なら」と,場合を仮定して考える力をはぐくむ。

4 授業展開

❶立方体の場合を考える

問題を提示すると,子どもから「横」や「高さ」を表す長さが必要だという声があがります。そこで,「横や高さがわからないとこの立体の体積はわからないの?」と問い返すことで,「もし立方体なら」という考えを引き出していきます。

T 右の○方体の体積を求めましょう。

> 問題提示のしかけ
> 横と高さを表す長さを問題文と図のどちらでも提示せず,立方体なのか直方体なのかを曖昧にすることで,「もし立方体なら」という考え方を引き出す。

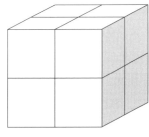

C 横も高さも長さがわからないなら,体積はわからないよ…。
T 横と高さがわからないと,この立体の体積はわからないの?
C いや…。もし,この立体が立方体だったらわかるよ。
C 確かにそうだね。1辺さえわかれば,立方体の体積は求められる。
T じゃあ,もし立方体なら,体積を求める式はどうなるかな?
C 1辺が2cmで,すべての辺の長さが同じだから,2×2×2です。
C 体積は,8cm³になります。

立方体の場合
　　1辺×1辺×1辺=2×2×2=8
　　　　　　　　　　　　　8cm³

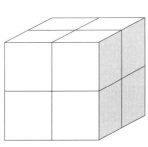

❷直方体の場合を考える

　続いて，「もし，直方体なら」という仮定で，体積はまったくわからないのか，少しは範囲を絞り込めるのかに話題を焦点化していきます。さらに，どんな式に表せるかを考えさせることで，体積が必ず2の倍数になることに気づかせていきます。

C　立方体なら8cm³とわかったけど，直方体だったらわからないよね…。
T　直方体なら何cm³になるかまったくわからないんだね？

> **発問のしかけ**
> 「まったくわからないのか」を問うことで，「少しはわかる」「…よりは大きい，小さい」といったように，範囲に目を向けさせる。

C　うん。だって，直方体は辺の長さが違うから，立方体のときのようには考えられない。
C　何cm³かはっきりはわからないけど，8cm³よりは大きくなるんじゃない？
T　8cm³よりは絶対に大きくなるの？
C　だって，立方体が8cm³だったでしょ。この立方体の横か高さが2cmより長くなるはずだから，必ず8cm³より大きくなるよ。

C　短い場合もあり得るんじゃないかな。
T　短い場合ってどういうこと？
C　横や高さが2cmより短い1cmの場合があるでしょ？
　　その場合は，8cm³より小さくなる。
T　体積が8cm³までの直方体にはどんなものが考えられるか，ノートにかいてみましょう。

(ア) (イ) 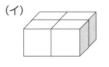 (ウ) (エ)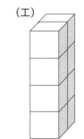

C　一番小さい場合は2×1×1で2cm³です。（ア）
　　次に大きいのは2×2×1で4cm³です。（イ）
C　2×1×2の直方体も4cm³だね。（ウ）
C　8cm³でも立方体にならない場合ができたよ。横が1cm，高さが4cmだと2×1×4で8cm³になります。（エ）
　　（ここで，8cm³の立方体も直方体に含まれることを確認してもよい）
C　体積を求める式は2×□×□になるから，必ず2でわりきれる数になるよ。

❸比例関係に気づく

　この後，縦だけでなく横の長さを「3cm」と確定します。そして，「体積が6の倍数になること」「高さと体積が比例関係にあること」に気づかせていきます。

C　せめて，横の長さだけでもわかれば，もっと絞り込めます。
T　では，横の長さを仮に決めてみましょう。何cmにしますか？
　（子どもに何cmにするかを決めさせる）
T　では，今回は横を3cmに決めましょう。
C　だったら…，一番体積が小さい場合は高さが1cmだから，2×3×1で6cm³になる。
C　次に大きいのは，高さが2cmのときだから，2×3×2で12cm³だ。
C　次は高さが3cmの場合の18cm³。6cm³ずつ増えているよ。
C　そのまま表みたいにすればわかりやすいね。

> **板書のしかけ**
> 　高さが1cm，2cmの場合…と順々に板書していくことで，表にすればよいという考えを引き出す。それを基に，体積が6の倍数であることや，高さと体積が比例関係であることに気づかせる。

C　高さと体積が比例しているね。
C　（2×3）×高さ＝6×高さと表せます。だから，必ず6でわりきれる数（6の倍数）になります。

5　授業の最終板書

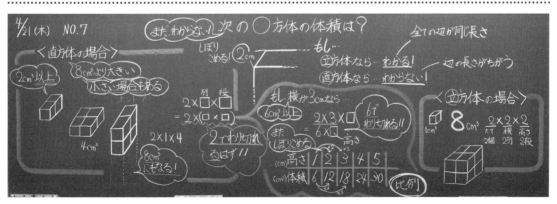

（瀧ヶ平悠史）

5年 小数のかけ算

条件に当てはまる小数のかけ算をつくろう！

	ペア学習	グループ学習	学級全体での練り上げ
	○		○

●この授業で育成したい資質・能力

知識・技能	思考力・判断力・表現力等	学びに向かう力・人間性等
数量や図形などについての基礎的・基本的な概念や性質などの理解	日常の事象を数理的に捉え，見通しをもち筋道を立てて考察する力	数量や図形についての感覚を豊かにするとともに，数学的に考えることや数理的な処理のよさに気付き，算数の学習を進んで生活や学習に活用しようとする態度
●	●	●
日常の事象を数理的に表現・処理する技能	基礎的・基本的な数量や図形の性質や計算の仕方を見いだし，既習の内容と結びつけ統合的に考えたり，そのことを基に発展的に考えたりする力	数学的に表現・処理したことを振り返り，批判的に検討しようとする態度
		●
数学的な問題解決に必要な知識	数学的な表現を用いて事象を簡潔・明瞭・的確に表したり，目的に応じて柔軟に表したりする力	問題解決などにおいて，よりよいものを求め続けようとし，抽象的に表現されたことを具体的に表現しようとしたり，表現されたことをより一般的に表現しようとするなど，多面的に考えようとする態度
	●	

1 授業の概要

「□.□×□.□＝□.□」を筆算で表し，□に0〜9の数字を入れて，積が一の位と小数第一位の2桁の数になる式を考えます。試行錯誤しても大抵の場合は小数第二位まで答えが出てしまいます。そのため，小数第二位を0にする方法を共有します。できた式から，被乗数，乗数のどちらかの小数第一位は5であり，もう一方の小数第一位は2，4，6，8であるという共通点を見いだします。このことを筆算の仕組みやかけ算のきまりを使いながら説明したり，条件を満たす式のつくり方を考えたりしながら，既習事項を活用して思考する姿を全体に広げていきます。さらに，問題を「□.□×□.□＝○」に発展させ，前問での考え方を生かし，条件を整理して取り組みます。このような活動を通して，小数のかけ算やかけ算のきまりに習熟させます。

2 問題

□の中に，0〜9の数を当てはめて，積が□.□になる計算をつくりましょう。

□.□ × □.□ 　積 □.□

3 授業のねらい

小数×小数の計算に習熟させるとともに，できた式から共通点を見いだすことで，条件に当てはまる式のつくり方を考えさせる。

4 授業展開

❶条件に当てはまる式をつくる

四角いマスの中に数字カードを入れて，「一の位と小数第一位の2桁の積をもつかけ算をつくる」というルールを確認し，自力解決の時間を設けます。このとき，積が2桁にならなかった計算もノートに残しておくように指示します。

T □に数字カードを入れて，かけ算をつくりましょう。どんなかけ算ができますか？
C 9.8×1.2＝11.76
C 1.2×3.4＝4.08
T では，1つ条件をつけて，積が□.□，つまり一の位と小数第一位の2桁の数になるようなかけ算はつくれるかな？

> **問題提示のしかけ**
> 積の条件は後から提示することで，取り組むべき課題を明らかにする。

C 積が10より小さくなるようにしなくちゃいけないんだ。
C かけられる数とかける数に気をつければ，大きくならないようにできるよ。
C 小数第二位が出てきてはいけないんだね。
C どうしても出てきちゃうよ…。小数第二位が出ないようにするにはどうすればいいんだろう。

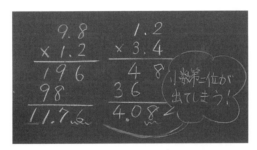

条件に合わない理由を出し合い，課題を明確にします

❷条件を満たす式をつくるための仕組みを考える

自力解決の中で出てきた，条件に合う計算を出し合い，被乗数と乗数のどちらかの小数第一位が5になっていることや，もう一方の小数第一位が，2，4，6，8のいずれかになっているという共通点を見つけます。

T　できた計算をおとなりさんと一緒に確認しよう。

> **板書のしかけ**
> 条件を満たす計算を筆算で並べ，共通点の存在に気づかせる。

C　小数第一位に必ず5がある。ここにも，ここにも…。
C　小数第一位が，5と2が多い。
C　5と4もあるよ。
C　ぼくは，5と6でもできたよ。
C　8でもできた。
C　5×2とか，5×4とか，5

共通する数の□を同じ色で示します

×6とか，5×8なら，積が何十（1の位が0の2桁の数）になるね。それで，筆算で出てきた一番右の数字が0になるから，3桁になっても大丈夫だね。
T　3桁でいいの？
C　小数点以下の一番小さい位の0はピッて消す（上写真）から，それで2桁になる。
C　式にしたときには消せて，2桁になるよ。
T　5×他の数（2，4，6，8以外）だとダメなの？
C　5×3＝15だし，5×5＝25だし…，小数第二位が5になっちゃう。

❸問題を発展させて考える（□.□×□.□＝○）

これまでの考え方を生かし，積が一の位1桁になる計算をつくります。

T　今度は，積が一の位1桁になる計算をつくってみよう。やってみる前に，ここにはこの数字が入りそうって思う場所はありますか？

> **発問のしかけ**
> 前問での考え方の工夫を生かし，条件を整理してから取り組ませる。

C 小数第一位どうしの計算の一の位が0にならなくてはいけないのは，さっきと同じだから，小数第一位は5と2，4，6，8になる。
C でも，今回は積の小数第一位も0にしないといけないよね。
C 25×4＝100だから，それを使えば，2.5×0.4＝1をつくれるよ！
C 積を2にするなら，25×8＝200を使って，2.5×0.8ができる。

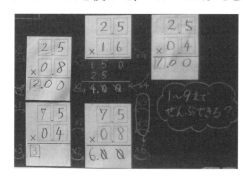

かけ算のきまりを繰り返し用いながら，考え方の習熟をはかります

C わかった！ それならどんどんつくれるよ。
T どんどんつくれるって，どういうこと？
C 2.5×0.4＝1から，かける数を2倍して0.8にすれば積は2だし，3倍して1.2にすれば積は3でしょ。9まで全部できるよ。
C でも，2.5×1.2は2を2回使うからできないよ。
C だったら，2.5を3倍すればいいんだよ。7.5×0.4＝3。
C そこから，0.4を2倍すれば，積が6の計算もできる。
C 2.5を3倍，0.4を2倍しているから，6倍の積が出るんだよ。
C かける数もかけられる数も両方ともに何倍かずつすれば，もっといろいろできるんだ。

5 授業の最終板書

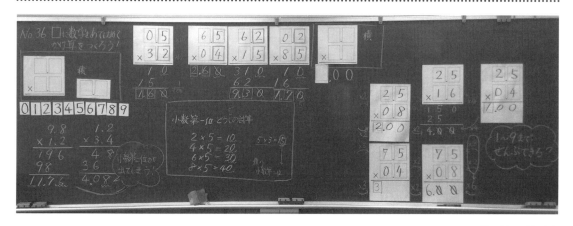

（細谷　勇太）

5年　合同な図形

合同な形に分けられない理由を説明しよう！

ペア学習	グループ学習	学級全体での練り上げ
		○

●この授業で育成したい資質・能力

知識・技能	思考力・判断力・表現力等	学びに向かう力・人間性等
数量や図形などについての基礎的・基本的な概念や性質などの理解 ●	日常の事象を数理的に捉え，見通しをもち筋道を立てて考察する力	数量や図形についての感覚を豊かにするとともに，数学的に考えることや数理的な処理のよさに気付き，算数の学習を進んで生活や学習に活用しようとする態度
日常の事象を数理的に表現・処理する技能	基礎的・基本的な数量や図形の性質や計算の仕方を見いだし，既習の内容と結びつけ統合的に考えたり，そのことを基に発展的に考えたりする力	数学的に表現・処理したことを振り返り，批判的に検討しようとする態度 ●
数学的な問題解決に必要な知識	数学的な表現を用いて事象を簡潔・明瞭・的確に表したり，目的に応じて柔軟に表したりする力 ●	問題解決などにおいて，よりよいものを求め続けようとし，抽象的に表現されたことを具体的に表現しようとしたり，表現されたことをより一般的に表現しようとするなど，多面的に考えようとする態度

1 授業の概要

　この問題は，合同な図形の単元末の練習問題として扱います。分ける数を□にすることで，正解を１つに定めず，発展性のある問題に工夫しました。Ｌ字型の図形を複数の合同な図形に分けることを通して，図形感覚を豊かにし，合同な図形の意味や性質をより深く理解させられます。授業では，「12÷□＝整数」を手がかりにして４等分や８等分ができることを考えたり，「どうして，5，7，9，10，11は，合同な図形に分けられないのか」を説明したりする場面がヤマ場になります。

2 問題

　面積が12 cm²のＬ字型の図形があります。この図形を□個の合同な形に分けましょう。

3 授業のねらい

L字型の図形について，合同な図形に分けられない場合があることに気づかせ，その理由を説明させる。

4 授業展開

❶□に当てはまる数を見つける

L字型の図形を提示し，「□個の合同な図形に分けられるかな？」と投げかけます。子どもからは，「3個なら簡単だよ」という反応が返ってくることが予想されます。3個に分ける場合を例にあげ，問題の意味を全員で確認してから，自力解決に入るようにします。

T この図形を□個の合同な形に分けられるかな？
C 3つなら簡単だよ！ すぐに分けられる。
 （3つに切って重ねて説明させる）
C 式で表すと，12÷3＝4になる。
C 4cm²の正方形が3つだよ。
T 他の分け方もできるかな？
 （自力解決の時間をとる）

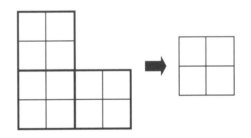

問題提示のしかけ

□に当てはまる数を見つける問題にすることで，発見的な学習ができるようにする。

試行錯誤しながら分けている様子

❷どうやって見つけたのかを共有する

「どうやって見つけたの？」と発問し，思考の着眼点を共有します。試行錯誤をしながら探している子がいる一方，「12÷□＝整数」のように，約数に目をつけて探している子もいます。商が整数でなければ，合同な図形に分けることができないという発想です。

T　どんな形に分けられたかな？
C　2，4，6，12！

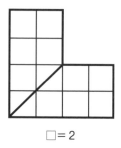
□＝2

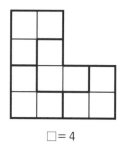
□＝4

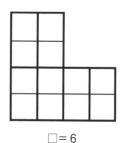
□＝6

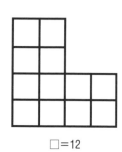
□＝12

T　どうやって見つけたの？
C　12÷□をして，商が整数になるものを探した。
C　約数に目をつけた。
T　なるほど。商が整数じゃないとできないんだね。
C　商が整数じゃなくてもできるよ！
C　12÷8＝1.5，1.5は1と半分だからできる。
T　小数でもきりがよければできるんだね！
C　だったら，□＝24，48もできるよ！

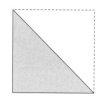
1の半分（0.5）の表し方

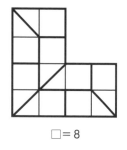
□＝8

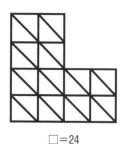
□＝24

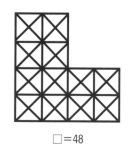
□＝48

❸□に当てはまらない数について考える

「どうして，5，7，9，10，11はできないの？」と投げかけます。子どもたちは，「12÷□」の商が半端な数になり，マスを分けることができないと説明するでしょう。ときには，正解ばかりではなく，「できない理由」を考えることも重要です。

T どうして、5, 7, 9, 10, 11個には分けられないの？
C 12÷□の商が半端な数だから。
T どういうこと？
C 例えば、□＝5だとすると、12÷5＝2.4でしょ？
C 0.4を1マスで表せないから、合同な図形には分けられない。
T なるほど。マスに表せる商と、表せない商があるんだね。

```
12÷5 ＝2.4
12÷7 ＝1.7…
12÷9 ＝1.3…
12÷10＝1.2
12÷11＝1.09…
```

□個に分けた合同な図形を画用紙にかきます

板書のしかけ
　□個に分けた合同な図形を画用紙にかいて並べ替えられるようにすることで、5, 7, 9, 10, 11個に「分けられない理由」を引き出せるようにする。

5 授業の最終板書

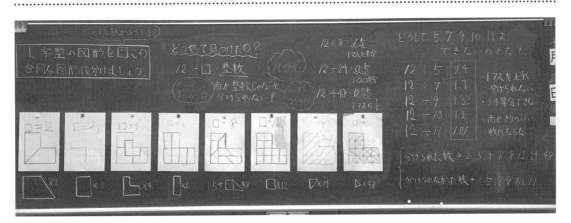

（沖野谷英貞）

5年 偶数と奇数，倍数と約数

16段目のひみつを考えよう！

ペア学習	グループ学習	学級全体での練り上げ
	○	○

●この授業で育成したい資質・能力

知識・技能	思考力・判断力・表現力等	学びに向かう力・人間性等
数量や図形などについての基礎的・基本的な概念や性質などの理解	日常の事象を数理的に捉え，見通しをもち筋道を立てて考察する力	数量や図形についての感覚を豊かにするとともに，数学的に考えることや数理的な処理のよさに気付き，算数の学習を進んで生活や学習に活用しようとする態度 ●
日常の事象を数理的に表現・処理する技能	基礎的・基本的な数量や図形の性質や計算の仕方を見いだし，既習の内容と結びつけ統合的に考えたり，そのことを基に発展的に考えたりする力 ●	数学的に表現・処理したことを振り返り，批判的に検討しようとする態度
数学的な問題解決に必要な知識	数学的な表現を用いて事象を簡潔・明瞭・的確に表したり，目的に応じて柔軟に表したりする力	問題解決などにおいて，よりよいものを求め続けようとし，抽象的に表現されたことを具体的に表現しようとしたり，表現されたことをより一般的に表現しようとするなど，多面的に考えようとする態度

1 授業の概要

　最初に，教師が黒板に1を横並びに3つ書き，子どもに適当な数字を3つあげさせ，その下に板書します。次に，それぞれの列ごとに1段目と2段目の和を求め，その一の位を3段目に書きます。2段目と3段目も同様にみんなで一緒に計算し，ルールがわかったところで16段目まで各自で計算させると，答えは7が3つになります。2段目をどんな数にしても7になることを確認した後，「最初の数を1ではなく，別の数にするとどうなるだろう」などと発展させて考えていくことで，いろいろなきまりを見つけていきます。

2 問題

　右のように，1段目に1を3つ書き，2段目に好きな数を3つ書いて，それぞれの列の和を3段目に書きます（一の位のみ）。2段目と3段目の和を4段目に，3段目と4段目の和を5段目に…と計算を続けていくと，16段目は，どんな数になるでしょうか。

1段目	1	1	1
2段目	3	5	2
3段目	4	6	3
4段目	7	1	5
⋮	⋮	⋮	⋮

3 授業のねらい

1桁のたし算を繰り返していった結果からきまりを見つける活動を通して，数の見方を豊かにする。

4 授業展開

❶みんなで「？」を共有する

「1，1，1」と1を横並びに3つ板書した後，子どもから好きな数字を3つあげさせます。計算のルールを説明して，最初の3段目まで一緒に計算します。ルールがわかったところで，各自で続きを計算させます。16段目まで計算できた子どもから，「あれっ!?」「なんで？」というつぶやきが上がります。

T　16段目まで計算してみよう。繰り上がりは気にせず，一の位だけを書いていきます。
C　(16段目まで計算した子どもから)あれっ!?　全部7になりました。
T　2段目の数字を選ぶとき，みんなが7でそろうよい数字を選んでくれたんだね。
C　2段目は，どんな数字を入れても7になるのではないですか？
C　2段目の数字を別の数にして計算してみたら，やっぱり7になりました。

> **問題提示のしかけ**
> 数字がそろうことを明かさずに計算させることで，子どもに「？」をもたせ，他の数字でも調べたいという意欲をもたせる。

❷1段目を他の数に変えて計算してみる

2段目をどんな数にしても7になることを確認した後，「今度は1段目の数を変えるとどうなるかな」と投げかけます。子どもに好きな1桁の数字を聞いていくと3という意見が出たのですが，あえて9を3つ板書して展開します。

T　じゃあ，1段目の1を他の数に変えると，16段目の数はどうなるかな？　みんなはどんな数字が好きですか？
C　3がいいです。
T　では…，9にしましょう。

C えー，どうして3にしてくれないの？
C （16段目まで計算して）あっ，16段目が全部3になった！
T 他の数字でやってみるとどうなるかな。いろいろな数字で計算してみて気づいたことをノートに書いていこう。

> **発問のしかけ**
> 子どもが「何かきまりがありそうだ」と気づいたところで，自由に調べる活動を取り入れ，追究したいという意欲を高める。

1段目を他の数に変えて，16段目の数がいくつになるかを調べます

❸きまりを発見していく

いくつか計算ができたら，それぞれの数字で計算した結果を板書し，きまりを探していきます。ここでは，気づいたきまりが他でも成り立つか確かめるために，グループでの相談を取り入れながら進めていきます。

ノートを見せながらきまりを確認します

T いくつか計算した結果を基に，気づいたことをまとめてみましょう。グループで相談して，他の人の計算結果でも成り立つか調べてみるといいね。
C どの数字で計算しても，16段目は必ずゾロ目（3つとも同じ数）になってる。
C 1段目の数が偶数のときは，16段目は1段目の数の2倍になってる。
C 16段目の他にも，6段目と11段目がゾロ目になってる時がある。
T どんなときに，6段目と11段目がゾロ目になってるのかな？
C 2段目が全部偶数か，全部奇数のときに6段目と11段目がゾロ目になってます。

C 他にも，1段目の数が1増えると，16段目の数は3減っています。
T 1段目が1のときは7，2のときは4，3のときは1…，そうですね。
C 1段目の数×7をしているのと同じになってる。

> **板書のしかけ**
> 段の高さをそろえたり，1段目の数字が小さい順に並べて板書したりすることによって，きまりを見つけやすくする。

見つけたきまりをノートに整理していきます

5 授業の最終板書

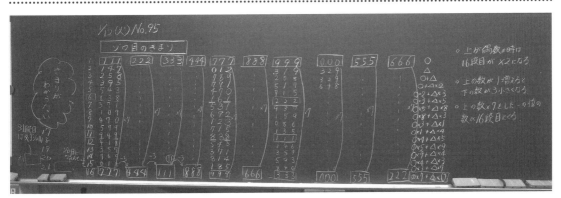

（松瀬　仁）

5年 分数のたし算とひき算

○，□，△に入る数のきまりを探ろう！

	ペア学習	グループ学習	学級全体での練り上げ
	○	○	○

●この授業で育成したい資質・能力

知識・技能	思考力・判断力・表現力等	学びに向かう力・人間性等
数量や図形などについての基礎的・基本的な概念や性質などの理解	日常の事象を数理的に捉え，見通しをもち筋道を立てて考察する力	数量や図形についての感覚を豊かにするとともに，数学的に考えることや数理的な処理のよさに気付き，算数の学習を進んで生活や学習に活用しようとする態度
日常の事象を数理的に表現・処理する技能	基礎的・基本的な数量や図形の性質や計算の仕方を見いだし，既習の内容と結びつけ統合的に考えたり，そのことを基に発展的に考えたりする力 ●	数学的に表現・処理したことを振り返り，批判的に検討しようとする態度
数学的な問題解決に必要な知識	数学的な表現を用いて事象を簡潔・明瞭・的確に表したり，目的に応じて柔軟に表したりする力 ●	問題解決などにおいて，よりよいものを求め続けようとし，抽象的に表現されたことを具体的に表現しようとしたり，表現されたことをより一般的に表現しようとするなど，多面的に考えようとする態度 ●

1 授業の概要

まず下の問題で，◎に5，☆に1が入る場合，式を完成させるためには，○，△，□にどのような数を入れたらよいのかを2人1組で考えさせます。2人で考えることで多くの組み合わせを見つけることができ，分数の計算が苦手な子もあきらめずに取り組むことができます。その後，全体で共有する中で，○，△，□に入る数のきまりに気づかせていきます。きまりに気づいた後は，グループで $\frac{1}{5}$ 以外の場合についても考えさせ，見つけたきまりが使える範囲を探っていきます。

2 問題

☆，◎，○，△，□に数を入れて，右の式を完成させましょう。ただし☆，◎，○，△，□には異なる数が入ります。

$$\frac{☆}{◎} - \frac{☆}{○} = \frac{△}{□}$$

3 授業のねらい

> 式が成り立つときの〇，△，□のきまりに気づかせ，見つけたきまりが使える範囲を探らせる。

4 授業展開

❶どのような式があるか2人1組で考える

問題を提示し，ルールを確認します。例を1つ示してから，〇，△，□に入る数を2人1組で考えさせると，分数の計算が苦手な子でも問題をしっかり把握できます。

T 今日はこの問題を考えます。問題の式を見て，何か気づくことはありませんか？
C ☆が2つあるよ。
T よく気がついたね。この☆のところは同じ数が入ります。
T 例えば，◎に5，☆に1入れたら式はどうなるかな？

$$\frac{☆}{◎} - \frac{☆}{〇} = \frac{△}{□}$$

> **発問のしかけ**
> 最初は教師から例示することでルールの理解を図り，❸の活動へつなげる。

C こういう式（右）になったよ！
T では，次は〇。好きな数はなんですか？
C 10です。
T じゃあ，〇に10を入れて計算してみよう。

$$\frac{1}{5} - \frac{1}{〇} = \frac{△}{□}$$

> **発問のしかけ**
> 多様な式があることに気づかせるために，あえて子どもの好きな数で計算する。

T どう計算しましたか？
C $\frac{1}{5}$と$\frac{1}{10}$を通分して，$\frac{2}{10}$と$\frac{1}{10}$にします。

そして，$\frac{2}{10} - \frac{1}{10} = \frac{1}{10}$になりました。

T ということは，〇が10で，□が10で，△が1になりますね。

C 先生，それだったらダメです。
T えっ，どうして？
C だって，○，△，□には違う数が入るというルールでしょ？
T 本当だね。よく気がついたね。どうも，できない場合もありそうだね。
では，どんな式ができそうか2人1組で相談しながら，探してみよう。

> **問題提示のしかけ**
> 後出の5×○＝□，○－5＝△というきまりは，○，△，□に別々の数が入らなくても成り立つ場合もあります。しかし，別々の数とすることできまりが見えやすくなります。

❷ ○，△，□のきまりを探る

子どもが考えた式を，途中式とともに，右のように縦に並べて板書し，5×○＝□，○－5＝△というきまりがあることに気づきやすくします。

また，いろいろな式を探すことは，計算の習熟にもつながります。

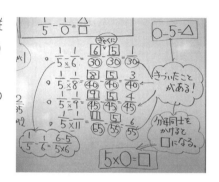

> **板書のしかけ**
> 式を縦に並べることで，きまりに気づきやすくする。

T では，どんな式ができたのか発表してもらいます。
（2人1組で見つけた式の計算の仕方を発表させていく）
C 先生，気づいたことがある！
T えっ，何に気づいたの？
C 分母同士をかけると，□になるよ。
T えーっ，たまたまじゃないの？
C $\frac{1}{5} - \frac{1}{6}$ のときは，5×6＝30になるでしょ。$\frac{1}{5} - \frac{1}{8}$ のときは，5×8＝40になるでしょ…。（他の式も次々説明していく）
T 本当だね。分母同士をかけると□になりそうだね。

分母同士という言葉を，数や□を使って，式に表せないかな？
C　5×○＝□になります。
C　先生，もう1つあります。分母を逆にしてひくと，分子のところになるよ。
T　どういうこと？
C　例えば，$\frac{1}{5} - \frac{1}{6}$で分母の順番を逆にして6－5をしたら，分子の1になるでしょ。
C　他もそうなってる！

❸見つけたきまりが使える範囲を探る

　$\frac{1}{5}$以外でもこのきまりが使えるかをグループで考えさせると，様々な事例が出てきます。それらを全体で共有しながら，見つけたきまりが使える範囲を探っていきます。

T　ところで，$\frac{1}{5}$（◎に5，☆に1）以外でもこのきまりって使えるのかな？
C　使えそうだよね。
T　じゃあ，実際に$\frac{1}{5}$以外の場合をグループで考えてみよう。
　　（少し時間を与えて，考えさせる）
T　どうですか？
C　$\frac{1}{3}$（◎に3，☆に1）だと，3×○＝□，○－3＝△で，きまりは使えたよ。
C　分子（☆）が1以外のときもきまりは使えるよ！
T　どういうこと？
C　例えば，$\frac{2}{5} - \frac{2}{7}$のとき，5×7＝35。言い換えると，5×○＝□です。これはつまり，◎×○＝□ってことです。
C　もう1つのきまりは，さっきとちょっと違って，2×(○－5)＝△。言い換えると，☆×(○－◎)＝△なんだけど，これは$\frac{1}{5}$のときでも使えます。
C　さっきは☆が1だったから，「☆×」の部分が見えなかったってことか！
T　なるほど～。きまりをもう少し確かめてみよう。
　　（他の式も発表させ，きまりについて検討する）

（樋口万太郎）

| 5年 | 単位量あたりの大きさ |

どうすればゲームの結果に納得できるかな？

ペア学習	グループ学習	学級全体での練り上げ
	○	○

●この授業で育成したい資質・能力

知識・技能	思考力・判断力・表現力等	学びに向かう力・人間性等
数量や図形などについての基礎的・基本的な概念や性質などの理解	日常の事象を数理的に捉え，見通しをもち筋道を立てて考察する力 ●	数量や図形についての感覚を豊かにするとともに，数学的に考えることや数理的な処理のよさに気付き，算数の学習を進んで生活や学習に活用しようとする態度
日常の事象を数理的に表現・処理する技能 ●	基礎的・基本的な数量や図形の性質や計算の仕方を見いだし，既習の内容と結びつけ統合的に考えたり，そのことを基に発展的に考えたりする力 ●	数学的に表現・処理したことを振り返り，批判的に検討しようとする態度 ●
数学的な問題解決に必要な知識	数学的な表現を用いて事象を簡潔・明瞭・的確に表したり，目的に応じて柔軟に表したりする力 ●	問題解決などにおいて，よりよいものを求め続けようとし，抽象的に表現されたことを具体的に表しようとしたり，表現されたことをより一般的に表現しようとするなど，多面的に考えようとする態度 ●

1 授業の概要

3～5人を1チームとして，箱にたくさん入ったペットボトルのキャップのつかみとりをします。ルールは，1人1回だけ行うことと，片手でつかむことの2点で，チーム戦とします。

ゲームはすぐに終わります。結果を発表すると，各チームの人数がそろっていないことから，どうやって優勝チームを決めるかが問題になります。状況を整理して，公平な勝敗のつけ方を議論していく中で，平均の意味や求め方を理解させていきます。

2 問題

> キャップつかみとりゲームをします。
> 箱の中に入ったキャップを好きな方の手でつかみます。
> 1人1回だけ，チーム全員が行うチーム戦です。
>
> さて，優勝チームはどこになるでしょうか。

3 授業のねらい

条件が異なる場合の比べ方を考えることを通して，平均の意味や求め方について理解させる。

4 授業展開

❶ゲームを行う

ルールを確認した後，ゲームを行います。

1チームは3〜5人で，教師が振り分けます。生活班などでもよいのですが，各チームの人数を3〜5人で適度にばらつかせる必要があります。

> **問題提示のしかけ**
> 1チームの人数がばらばらになるように教師がチーム分けを行う。子どもに気づかれないよう，なるべく自然に振り分けるのがコツ。

T さあ，全チームの結果が出そろったね。
C やった，合計が一番多い。優勝だ！
C ズルい。チームの人数が多いから，とったキャップも多いんだよ。
C 先生，だれか2回分とってもいいですか？

A	5	13	14	12	8	㊿52	5
B	9	13	7	15		44	4
C	8	11	13	14		46	4
D	11	8	12	13		44	4
E	10	7	12			29	3
F	8	11	5	7	9	41	5
G	12	6	10	10		38	4

チームごとに記録を記入し，人数がそろっていないことを確認します

❷条件が異なる場合の比べ方を考える

> **指名・発表のしかけ**
> 公平な比べ方のアイデアをノートに書かせ，1人あたりの個数を求めるという考えはすぐには取り上げないようにする。

T　じゃあ，どのチームも「ズルい！」って思わない，公平な比べ方はないかな？
C　人数を合わせる。多いチームが少ないチームと同じ人数にすればいい。
C　でも，数が少ない人と多い人，どちらを外せばいいか決められないよ。
C　一番多くとった人がいるチームが勝ち。
　（実際の授業でこの提案には反論が出なかったので，教師からチーム戦という最初に提示した前提を再度伝えました）
C　じゃあ，もう1回，人数そろえてやればいいんじゃない？
C　それも，1回だけの勝負っていうルールに合わなくなっちゃう。
T　この結果から優勝チームを決めるのは難しそうですね。優勝チームを決めるのを難しくしている原因は何なんだろう？
C　1チームの人数がばらばらだから。

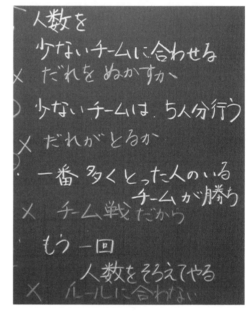

子どものアイデアを板書して検討します

❸条件がそろっていない場合の比べ方を考える

> **指名・発表のしかけ**
> 平均という言葉が聞こえてきてもすぐには認めず，平均の意味やだいたい1人何個とったかという言葉の意味を自分なりの言葉で説明させ，全体で共有する。

C　合計の個数で決めると，人数が多い方が有利だから，だいたい1人何個とったかで決めればいいんじゃない？
T　どういうこと？　だれかもう1回言ってくれますか？
C　平均みたいに，1人あたり何個とったかで比べれば，チームでの記録にもなります。

T 平均ってどういうときに使ったり聞いたりしたことがありますか？
C テストの平均点，体重の平均値。
C 平均身長，平均気温，あと平均台。
T 平均台，ちょっとノートにかいてごらん。
C まっすぐになっている。
T じゃ，平均点って，どういう意味か予想つくかな？
C たくさん人がいても1人がだいたいとった点数。
C 平均身長も並ぶと凸凹してるけど，それをそろえた，だいたいの高さのこと。
T じゃあ，この場合の平均の個数ってどうやったら求められるかな？ ちょっとチームで考えてみてください。

> **発問のしかけ**
> チームで考えさせることで，計算で求めたり，キャップを等分除のように分けて式を操作で確認したりと，多様な考えを引き出す。

C 合計の個数を人数でわる。
T 「合計÷人数」で求めたものを平均といいます。人数がそろっていなくても，平均の考えを使えば，比べることができましたね。
C うちのチームは，わりきれず，10.4個になってしまいました。
T 他にもそんなチームがあったようだね。平均では，いつも，ぴったりわりきれる場合だけではないんだね。

5 授業の最終板書

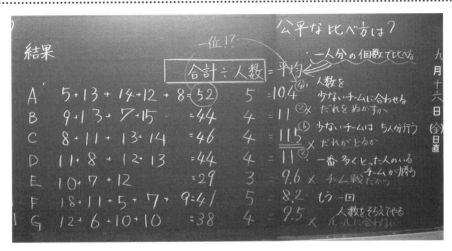

（佐藤　憲由）

5年 四角形と三角形の面積

「マイ三角形」で運だめしをしよう！

	ペア学習	グループ学習	学級全体での練り上げ
	○		○

●この授業で育成したい資質・能力

知識・技能	思考力・判断力・表現力等	学びに向かう力・人間性等
数量や図形などについての基礎的・基本的な概念や性質などの理解	日常の事象を数理的に捉え，見通しをもち筋道を立てて考察する力	数量や図形についての感覚を豊かにするとともに，数学的に考えることや数理的な処理のよさに気付き，算数の学習を進んで生活や学習に活用しようとする態度
日常の事象を数理的に表現・処理する技能	基礎的・基本的な数量や図形の性質や計算の仕方を見いだし，既習の内容と結びつけ統合的に考えたり，そのことを基に発展的に考えたりする力 ●	数学的に表現・処理したことを振り返り，批判的に検討しようとする態度
数学的な問題解決に必要な知識	数学的な表現を用いて事象を簡潔・明瞭・的確に表したり，目的に応じて柔軟に表したりする力 ●	問題解決などにおいて，よりよいものを求め続けようとし，抽象的に表現されたことを具体的に表現しようとしたり，表現されたことをより一般的に表現しようとするなど，多面的に考えようとする態度

1 授業の概要

単元の導入で，子どもたち一人ひとりが「マイ三角形」をつくる場を設定します。右のワークシートを配付し，上下の点から3点を選んで直線でつなぎ，色をぬってマイ三角形とします。

本時では，ルーレットで基準とする三角形を示し，その三角形と面積の同じ「ラッキー三角形」を探す活動を仕組みます。その活動を通して，同

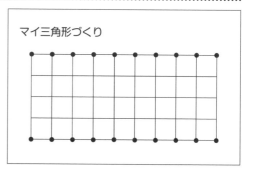

じ面積の三角形がいくつもそろうことになり，帰納的に三角形の求積の仕方に気づかせていきます。このとき，子どもたち一人ひとりにマイ三角形を持たせることで，自分の三角形の求積の必然性をつくるとともに，友だちのマイ三角形と辺の長さや面積などを比較する場を設定することができます。

授業後半では，三角形を面積の大きさで分類整理することで，三角形の求積公式を導き出していきます。

2 問題

「マイ三角形」で運だめしをしよう。
ルーレットで決まった右の三角形と，
面積が等しい三角形…大当たり
面積が近い三角形……中当たり
面積が遠い三角形……小当たり
　大当たりの三角形は，あるのかな？

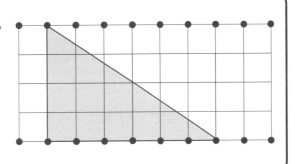

3 授業のねらい

　ルーレットで決まった三角形と，マイ三角形や友だちの三角形の面積を比較しながら「当たり」の三角形を探す活動を通して，面積が同じ三角形の共通点に気づかせ，帰納的な見方・考え方で三角形の求積の仕方を説明させる。

4 授業展開

❶ルーレットで決まった三角形の面積について考える

　中当たりと小当たりの「面積が近い」「面積が遠い」は，あえて曖昧なルールを提示し，自分たちでルールを決定させます。実際の授業では，差が５cm²以下は中当たり，５cm²より大きい場合は小当たりとすることにしました。

　基準とすることになった三角形の面積については，長方形の求積の仕方に帰着して，「６×４の長方形がみえる」「長方形24cm²の半分だから」「３×４の長方形にもできるから」という考え方によって，12cm²を学級全体で確認することができました。

　そこで，いよいよ子どもたちのマイ三角形の登場です。子どもたちのマイ三角形を一面に掲示した移動式黒板を提示し，まずはだれのマイ三角形が「大当たり」なのか，予想させました。中には，「自分のマイ三角形が大当たり!?」とガッツポーズする子もいました。

> **問題提示のしかけ**
> 全員に「マイ三角形を求積したい」という思いをもたせるために,「大当たり」だけでなく「中当たり」「小当たり」を設け,マイ三角形がそのいずれかに入るようにする。

❷マイ三角形の面積について個人・ペアで検証する

　ほとんどの子どもたちは,不等辺三角形あるいは二等辺三角形をつくります。マイ三角形を手元に返すと,その求積を始める子どもたち。まずは個人で求積する場を設け,その後,ペアで確認し合う場を設けます。

T　ペアで面積を確認し合った結果,「大当たり」のマイ三角形はありましたか?
C　私のマイ三角形は,大当たりだと思います!
C　ぼくのはそうじゃないかもしれないけど,大当たりかもしれません。

　このようにして,下の中央と右の三角形の面積を検証することになり,これらの三角形を黒板に提示しました。また,子どもたち一人ひとりが具体的に検証することができるように,三角形をコピーした用紙を配付しました。

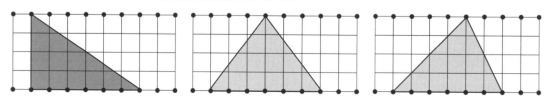

> **板書のしかけ**
> 子どもたちが,いずれの三角形も6×4の長方形の半分になることに気づくことができるように,3つの三角形を横一列に並べて掲示する。

　子どもたちは,次ページに示した3つの方法のいずれかで三角形を求積していきます。実際の授業では,❶の三角形を等積の長方形に変形して考える子が多く,❷の倍積の長方形をつくり半分とみる考えは数名でした。ここから,一般化に向かう思考の流れをつくっていきます。

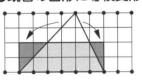
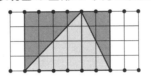
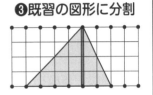

❶既習の図形に等積変形　長方形に等積変形
❷既習の図形の半分と見る　倍積の長方形の半分
❸既習の図形に分割　2つの直角三角形に分割

❸ペアで求積の一般化を図る

多様な方法で求積してきましたが，ここでそれらを統合的に整理していきます。

T　いろいろな方法で面積を求めることができたね。みんなが，3つの三角形（基準の三角形と検証した2つの三角形）をばらばらの長方形でみるから，先生もその長方形を見つけるのが大変だったよ。
C　えっ!?　ばらばらの長方形じゃないよ。
C　どの三角形も横6cm，縦4cmの長方形で考えてるよ。
T　「横6cm，縦4cmの長方形で考えてる」ってどういうこと？　どの長方形のことかな？　手元にある3つの三角形に長方形をかき込んで，ペアで説明し合ってごらん。

いずれの三角形も6×4の長方形の面積の半分として求積できる考え方を学級全体で共有することができるように，ペアで説明し合う場を設けました。

> **発問のしかけ**
> 子どもたちが3つの三角形の求積方法の共通点に気づくことができるように，あえて「共通点がない」という視点に立って問いかける。

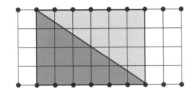
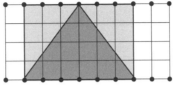
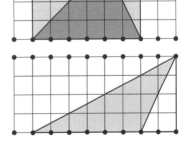

実際の授業では，右のようなマイ三角形をつくっている子もおり，求積が難しい子もいました。このマイ三角形を授業終末に提示し，次時の学習につなげました。

（高瀬　大輔）

6年 分数のかけ算

L字型の面積を求めよう！

	ペア学習	グループ学習	学級全体での練り上げ
			○

●この授業で育成したい資質・能力

知識・技能	思考力・判断力・表現力等	学びに向かう力・人間性等
数量や図形などについての基礎的・基本的な概念や性質などの理解 ●	日常の事象を数理的に捉え，見通しをもち筋道を立てて考察する力	数量や図形についての感覚を豊かにするとともに，数学的に考えることや数理的な処理のよさに気付き，算数の学習を進んで生活や学習に活用しようとする態度
日常の事象を数理的に表現・処理する技能	基礎的・基本的な数量や図形の性質や計算の仕方を見いだし，既習の内容と結びつけ統合的に考えたり，そのことを基に発展的に考えたりする力 ●	数学的に表現・処理したことを振り返り，批判的に検討しようとする態度 ●
数学的な問題解決に必要な知識	数学的な表現を用いて事象を簡潔・明瞭・的確に表したり，目的に応じて柔軟に表したりする力	問題解決などにおいて，よりよいものを求め続けようとし，抽象的に表現されたことを具体的に表現しようとしたり，表現されたことをより一般的に表現しようとするなど，多面的に考えようとする態度

1 授業の概要

　この授業ではL字型の面積の求め方を考えます。L字型の面積の求め方は4年で学習しているため，多くの子どもが考えることができます。本時のねらいは，「分数のかけ算でも，分配法則，結合法則，交換法則などの計算のきまりが使えるのか」を考えることです。L字型の面積を求めるという問題解決をする中で，子どもが必要感をもって，分数のかけ算でも計算のきまりが使えるかを考えることができると考えました。また，6年では，4年では考えられない解法が出て楽しみながら取り組むことができます。

2 問題

右の形の面積を求めましょう。

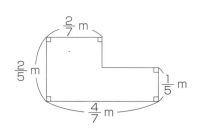

3 授業のねらい

分数のかけ算でも，分配法則，結合法則，交換法則などの計算のきまりが使えるのかを考えさせる。

4 授業展開

❶式を発表する

問題を提示して自力解決を行った後，答えを求められた子どもを指名します。その際，式だけを発表させます。そうすると，式から友だちの考え方を読み取ろうと，学級の全員が参加できるようになるからです。

T できた人，式を教えてください。

C 私は $\frac{1}{5} \times \frac{2}{7} \times 3 = \frac{6}{35}$ という式で解きました。

T この式で解いた人は，どのように考えたかわかりますか？

C L字型の形は，縦 $\frac{1}{5}$ m 横 $\frac{2}{7}$ m の長方形が3個つながっていると考えられるから，この式で解いた人は，まずその長方形1つ分の面積を求めて，3倍してL字型の面積を求めたのだと思います。

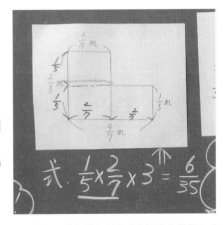

図と照らし合わせながら式の意味を考えます

> **指名・発表のしかけ**
> 面積の求め方をすべて説明するのではなく，式だけを発表させ，どのように考えたのか他の子どもに考えさせる。

❷式で使われている数が同じでも，かける順番が違うことについて考える

$\frac{1}{5} \times \frac{2}{7} \times 3$ という式と $\frac{2}{7} \times 3 \times \frac{1}{5}$ という式の違いについて考えます。その中で，計算のきまりが使われていることに気づかせます。

C 式は似てるんだけど，少し違います。ぼくは $\frac{2}{7} \times 3 \times \frac{1}{5}$ という式で考えました。

T 式に出てくる数は同じですが，かける順番が違いますね。

C 数の順番を変えても答えは同じになるけど，意味が変わってしまうよ。$\frac{2}{7} \times 3 \times \frac{1}{5}$ は，L字型の上の部分の長方形を移動させて，横 $\frac{6}{7}$ m 縦 $\frac{1}{5}$ m の長方形に直して考えているんだよ。$\frac{2}{7} \times 3$ で変形した後の長方形の横の長さを求めているんだよ。

T かける順番を変えてしまうと意味は変わってしまうんだね。でも，答えは変わりません。これは，どうしてかな？

C だって，かけ算は順番を変えても答えは変わらない（交換法則）からです。

T ということは，分数のかけ算でも，順番を変えても答えは変わらないという計算のきまりを使うことができるということだね。

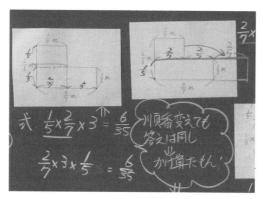

2つの式の意味がわかるように掲示物を並べます

> **板書のしかけ**
> 2つの式の意味を表すL字型の掲示物を並べ，式の意味の違いをわかりやすくする。

❸他の式についても考える

　授業の中盤からは，4年生では考えられないような式を出し，みんなで考えるようにできるとよいでしょう。L字型の形の面積の求め方は，「いくつかの長方形に分ける方法」か「大きな長方形に変形する方法」で解くものだと考えている子どもも多いはずです。そうすると，自然と分配法則などの計算のきまりが出てきます。

C 私は $\frac{4}{7} \times \frac{2}{5} \div 2 + \frac{2}{7} \times \frac{1}{5} \div 2 \times 2$ という式で求めました。

C $\frac{4}{7} \times \frac{2}{5} \div 2$ は横 $\frac{4}{7}$ m, 縦 $\frac{2}{5}$ m の長方形の半分ということだから,もしかして,三角形の面積を求めているのかな?

C ということは, $\frac{2}{7} \times \frac{1}{5} \div 2$ も三角形の面積を求めていて,それが2つということ?

C 正解です。私はこうやって考えました。

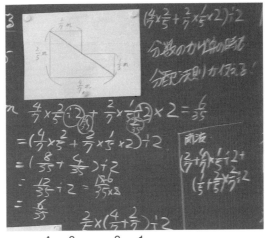

$\frac{4}{7} \times \frac{2}{5} \div 2 + \frac{2}{7} \times \frac{1}{5} \div 2 \times 2$ の考え方

発問のしかけ
式の途中で出てくる数に注目させ,分数のかけ算においても計算のきまりが使えるのかどうかを問うて,本時のねらいに迫る。

5 授業の最終板書

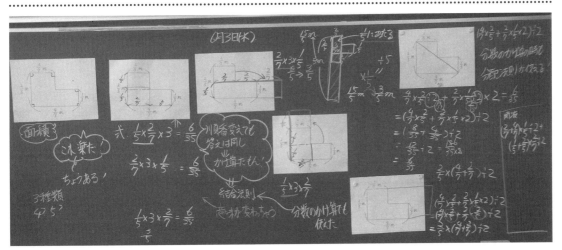

(加固希支男)

6年 分数のわり算

分数÷分数ってできるのかな？

	ペア学習	グループ学習	学級全体での練り上げ
	○		○

● この授業で育成したい資質・能力

知識・技能	思考力・判断力・表現力等	学びに向かう力・人間性等
数量や図形などについての基礎的・基本的な概念や性質などの理解	日常の事象を数理的に捉え，見通しをもち筋道を立てて考察する力	数量や図形についての感覚を豊かにするとともに，数学的に考えることや数理的な処理のよさに気付き，算数の学習を進んで生活や学習に活用しようとする態度
日常の事象を数理的に表現・処理する技能	基礎的・基本的な数量や図形の性質や計算の仕方を見いだし，既習の内容と結びつけ統合的に考えたり，そのことを基に発展的に考えたりする力 ●	数学的に表現・処理したことを振り返り，批判的に検討しようとする態度 ●
数学的な問題解決に必要な知識	数学的な表現を用いて事象を簡潔・明瞭・的確に表したり，目的に応じて柔軟に表したりする力 ●	問題解決などにおいて，よりよいものを求め続けようとし，抽象的に表現されたことを具体的に表現しようとしたり，表現されたことをより一般的に表現しようとするなど，多面的に考えようとする態度

1 授業の概要

　計算できる除数を子どもたちが選択し，既習の内容を生かしながら分数÷分数の仕方を考えていきます。除数がやさしい数から難しい数に変わるにつれて，計算方法の拠りどころ（「分数÷整数」「分数×分数の計算方法」「分数⇒小数への置き換え」「倍分」「商分数」「除法の性質」）を変えていく中で計算方法を検討していく展開によって，自分たちで算数の世界を拓いていく愉しさに出会うことができます。

2 問題

分数÷分数はできるのでしょうか。

$$\frac{4}{5} \div \square \quad \boxed{\frac{1}{5} \quad \frac{2}{5} \quad \frac{3}{5} \quad \frac{4}{5} \quad \frac{5}{5}}$$

□の中に数を入れて考えてみましょう。

3 授業のねらい

分数÷分数の計算の仕方を，分数の性質や既習の除法の性質から演繹的，類推的に考え，説明させる。

4 授業展開

❶計算できそうな除数を選ぶ

除数を□にした「$\frac{4}{5} \div \square$」の式を示し，$\frac{1}{5}$～$\frac{5}{5}$のカードを示します。算数に苦手意識をもっている子の構えをほぐすためにも，だれでもできる数字を選択します。

T どの数ならみんながでそうかな？
C $\frac{5}{5}$がいいな。
T なんでそれならできると思ったの？

発問のしかけ
だれもが既習の内容（除数が整数，被除数と除数が等しい）で解決できる経験を味わわせ，学習への構えをほぐす。

C $\frac{5}{5} = 1$で，$\frac{4}{5} \div 1$になって，分数÷整数は５年生で習ったから計算できます。

T $\frac{5}{5}$を整数とみればできるんだ。$\frac{4}{5}$は整数にできないけど，これを選んだ人の気持ちわかる？
C 同じ数でわると１になる。
C 分数のかけ算みたいに，分子同士，分母同士でわると４÷４，５÷５で$\frac{1}{1}$になるから１。

既習を生かした説明を引き出します

T A君の考えのいいところ，わかる？ おとなりと話してごらん。
C 分数のかけ算の計算方法から予想してできるんじゃないかと考えたところです。
T そうだね。これでもう２つもできたね。

❷他の数について、商の確かめ方を考える

　類推的に考えて見つけた分数の乗法と同じ計算方法を視点に、他の除数を選択させ、商を次々に求めていきます。その商が正しい理由を、分数→小数の置き換えを通して、小数÷小数で計算することで確かめられることを演繹的に説明していく子どもたち。

　しかし、小数に置き換えて計算してもわりきれない÷$\frac{3}{5}$の式。そこで、分数の性質・意味を引き出し、演繹的に説明していきます。

T　次はどれでいきたいですか？
C　$\frac{1}{5}$がいい（商は4）。$\frac{2}{5}$も簡単だ（商は2）。

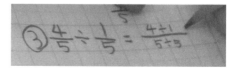

T　でも、本当にその答えは合ってるの？　どうやって確かめたらいいかな？
C　どちらも小数に直してやってみるといいと思う。
C　0.8÷0.2、0.8÷0.4になって、分数でやった商と一緒になります。
T　小数にすれば、確かめられるんだね。Aくんのアイデアはすごいね！
C　あっ、でも$\frac{3}{5}$はできないな…。
C　まず分子同士が4÷3ができないし、小数にできない。
T　え？　0.8÷0.6にできるじゃん！
C　いや商が1.333になってわりきれません。
　（少し時間を与えて考えさせ、挙手している数名のところに聞きに行かせる）
C　5年生でしたように、4÷3を分数に直せば、$\frac{4}{3}$とみることができます！

> 発問のしかけ
> 　分数の乗法の計算方法から類推的に考えて見いだした商が正しい理由を問い、既習内容（分数→小数の置き換え、図的表現、日常的場面）を用いた演繹的な説明を促す。

❸分母同士がわりきれない場合の計算方法を考える

　すべての除数で計算できることを確認した後、分数の乗法の復習から発展的に考えてきた子の式（$\frac{4}{5}÷\frac{1}{3}$）を示します。今度は分母同士がわれないうえに、小数にも置き換えることができません。これまでの解決方法を見直して、ある子がそっとつぶやきます。

T これで5枚のカード全部計算できたね。分数÷分数はできるってことが言えました。最後にもう1問！ Bさんが分数のかけ算のとき「もしかして？」ってわり算の式を考えて計算方法まで考えてたんです。その式を紹介します（$\frac{4}{5} \div \frac{1}{3}$ を示す）。

C これはAくんの方法も使えないです。分母がわりきれない…。

C 分数にしても $\frac{\frac{4}{5}}{3}$ になってしまう…。こんな分数見たことない。

C しかも，小数÷小数にも直せない…。

T ちょっと今日のここまでを振り返ってみましょう。わり算の式を分数に直したり，小数÷小数に直したり，分数のかけ算の方法を試してみたりして，みんなは商を求めることができました。でも，今回のは，それらが無理みたいなんだね。

C もう1つ残ってる…。分数÷整数！

C 確かに。分数÷整数の方法はまだ試していない！

T このわる数 $\frac{1}{3}$ を整数にしたらできるの？ でも，分数を整数にできる？

（ペアで相談する時間をとる）

T では，この方法は家で考えてきましょう。今日は自分たちの力でよくがんばったね。分数÷分数は「できた」けど「できた？」ってところで今日は終わりましょう。

板書のしかけ
$\frac{1}{5}$～$\frac{5}{5}$ までの計算方法は，吹き出し（板書の⇒）で目立つよう色をそろえて黒板に残す。その板書を基に振り返り，出発点であった「分数÷整数」に気づかせる。

5 授業の最終板書

（岩本　充弘）

6年	比と比の値			
二等辺三角形の辺の長さの求め方を考えよう！		ペア学習	グループ学習	学級全体での練り上げ
				○

●この授業で育成したい資質・能力

知識・技能	思考力・判断力・表現力等	学びに向かう力・人間性等
数量や図形などについての基礎的・基本的な概念や性質などの理解	日常の事象を数理的に捉え，見通しをもち筋道を立てて考察する力	数量や図形についての感覚を豊かにするとともに，数学的に考えることや数理的な処理のよさに気付き，算数の学習を進んで生活や学習に活用しようとする態度
日常の事象を数理的に表現・処理する技能	基礎的・基本的な数量や図形の性質や計算の仕方を見いだし，既習の内容と結びつけ統合的に考えたり，そのことを基に発展的に考えたりする力 ●	数学的に表現・処理したことを振り返り，批判的に検討しようとする態度
数学的な問題解決に必要な知識	数学的な表現を用いて事象を簡潔・明瞭・的確に表したり，目的に応じて柔軟に表したりする力 ●	問題解決などにおいて，よりよいものを求め続けようとし，抽象的に表現されたことを具体的に表現しようとしたり，表現されたことをより一般的に表現しようとするなど，多面的に考えようとする態度 ●

1 授業の概要

　90cmの針金で正三角形をつくるという簡単な導入題から入ります。続いて，辺の長さが4：7の二等辺三角形のつくり方を考えさせます。しかし，辺の長さがすべて等しい正三角形のようにはうまくいかないので，二等辺三角形の辺の長さの比に注目します。

　式と三角形の図を対応させて考える問題にしたところが授業づくりのポイントです。単に4＋7をして比例配分しようとする誤答には，十分に寄り添って何を求めようとしているのかを説明させ，正しい求め方につなげていきます。

2 問題

　90cmの針金があります。
　辺の長さが4：7の二等辺三角形をつくるには，辺の長さをそれぞれ何cmにすればよいでしょうか。

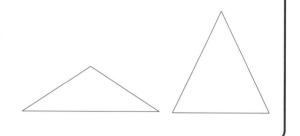

3 授業のねらい

式と図を対応させながら，三角形の辺の長さの求め方を筋道立てて説明させる。

4 授業展開

❶正三角形のつくり方を考える

3つの辺の長さが等しい正三角形をつくりながら，辺の長さが異なる二等辺三角形のつくり方の見通しをもたせます。1辺の長さを求める式の意味を説明させておき，授業の後半に，二等辺三角形の求め方を使って改めて説明させます。

> **問題提示のしかけ**
> 自由に折り曲げられる半具体物を提示して，図形をイメージしやすくする。

T なんで，30 cm ずつに分けようと思ったの？
C 3つの辺の長さが等しいから，90÷3で求めました。
T なるほど。じゃあ，形を変えますね。二等辺三角形ではどう？

❷二等辺三角形のつくり方を考える

すぐに情報を与えるのではなく，二等辺三角形をつくるうえで必要な条件を考えさせ，子どもから引き出します。

T これも，すぐにできそうかな？
C 辺の長さを教えてください。2つの辺だけでいいです。
T 辺の長さではなくて，辺の長さの比を教えます。4：7です。
C 2種類できそうだけど，どっちですか？
T 2種類って，どんな二等辺三角形ですか？
C 等しい辺が7の7：7：4と，等しい辺が4の4：4：7の2つです。
T じゃあ，等しい辺の長さの比が7の二等辺三角形からつくってみようか。

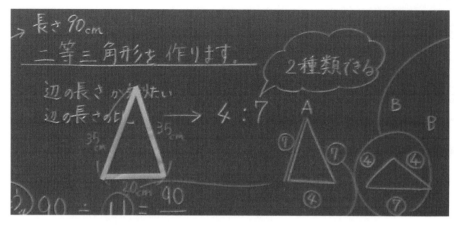

二等辺三角形が2種類できることを図で確認し，求める順番を決めます

❸辺の長さの求め方を考える

指名・発表のしかけ
比例配分の式の答えがわりきれずに困っている子どもの悩みから取り上げる。

C　90÷11をするとわりきれません…。
T　なんで11でわろうとしているのか，説明できる人がいるかな？
C　どうして11にしたかわかります。4＋7にしたからです。
C　でも，90cmの針金を4と7と7の3つで分けなきゃいけないから，90÷（4＋7＋7）になるはずだよ。

板書のしかけ
図と式を対応させ，式の中の数の意味を図で確認する。

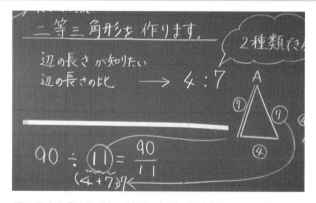

辺の長さを求める式と二等辺三角形の図を対応させて考えます

> **発問のしかけ**
> 導入の正三角形の辺の長さの求め方を振り返り，二等辺三角形の求め方を正三角形でも使うことができないかを問う。

T 今日の学習の振り返りをしましょう。最初につくった正三角形の1辺を求める式は，どうして90÷3になったんだったっけ？
C 正三角形の辺の長さがすべて等しいからです。
T じゃあ，二等辺三角形の辺の長さの求め方を正三角形でも活用できないかな？
　（少し時間を与えて考えさせる）
C わかった！　÷3の「3」は，辺の長さが1：1：1で3と考えることができます。

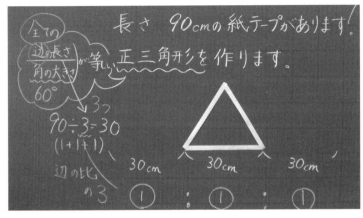

T 二等辺三角形も正三角形も比を使って辺の長さを求めることができたね。
C これならどんな三角形でもできそうだ。

5 授業の最終板書

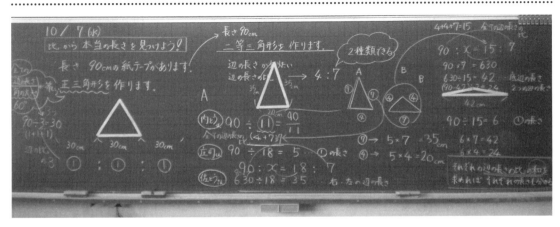

（佐藤　憲由）

6年 比例と反比例

どちらの携帯会社がお得？

	ペア学習	グループ学習	学級全体での練り上げ
	○		○

●この授業で育成したい資質・能力

知識・技能	思考力・判断力・表現力等	学びに向かう力・人間性等
数量や図形などについての基礎的・基本的な概念や性質などの理解	日常の事象を数理的に捉え，見通しをもち筋道を立てて考察する力	数量や図形についての感覚を豊かにするとともに，数学的に考えることや数理的な処理のよさに気付き，算数の学習を進んで生活や学習に活用しようとする態度
日常の事象を数理的に表現・処理する技能	基礎的・基本的な数量や図形の性質や計算の仕方を見いだし，既習の内容と結びつけ統合的に考えたり，そのことを基に発展的に考えたりする力	数学的に表現・処理したことを振り返り，批判的に検討しようとする態度 ●
数学的な問題解決に必要な知識	数学的な表現を用いて事象を簡潔・明瞭・的確に表したり，目的に応じて柔軟に表したりする力 ●	問題解決などにおいて，よりよいものを求め続けようとし，抽象的に表現されたことを具体的に表現しようとしたり，表現されたことをより一般的に表現しようとするなど，多面的に考えようとする態度

1 授業の概要

　右側が隠れたグラフを提示し「Ａ社とＢ社のどちらと契約すれば得か」を問うことから始めます。グラフの続きを見て，60分を超えるとＢ社の料金も上がることがわかると，「通話時間が何分を超えるとＡ社の方が安くなるのか」という問いが生まれます。グラフを段階的に見せ，問題場面を把握しやすくすることで，活発な意見交換が生まれます。まとめでは，どちらの会社を選べば得か，グラフや表を根拠に表現させます。複雑な変化をする問題場面もグラフに表すと変化の様子がわかりやすく，その便利さを実感できます。

2 問題

　携帯電話の契約をするならＡ社とＢ社のどちらがお得でしょう。
　携帯電話の1か月の料金のグラフを見て考えよう。

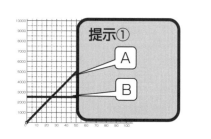

3 授業のねらい

表やグラフを読み取りながら，通話時間に合わせてどちらの携帯会社が得かを説明させる。

4 授業展開

❶「B社がA社の料金に追いつくのは通話時間が何分間のときか」という問いをもつ

25分を超えるとA社の料金の方が高くなることを子どもが把握できたら，グラフの続きを見せます。子どもは60分からB社の料金が上がり始めることに着目し，「B社の料金がA社に追いつくのは何分のときか」という問いをもち始めます。

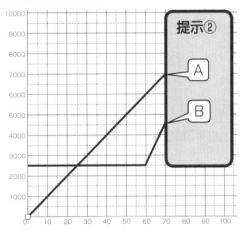

C （提示②のグラフを見て）B社の料金も上がり始めた。
T 携帯電話の契約をするなら，A社とB社どちらがお得かな？
C このまま上がっていくと，A社の料金を超えそうだよ。
T なぜ，B社がA社を超えると思うの？
C A社は10分で1000円上がるけど，B社は10分で2000円も上がるからです。
C グラフの続きを見せてほしい！
（提示③のグラフを見せる）
C あ…，グラフが途中で終わってる。通話時間が何分間のところで追いつくのかな？

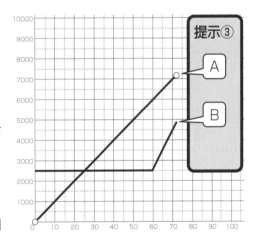

発問のしかけ

グラフを提示するたびどちらが得かを問い，時間ごとの料金を全員が把握できるようにし，「このまま上がっていくと…」という比例を仮定する発言を引き出す。

❷表やグラフを用いて，B社の料金がA社に追いつくのは通話何分のときか考える

　提示③と同じグラフを配付すると，子どもはグラフを伸ばしたり，表に表したりして解決します。グラフに点を打たずに直線を延長すると，まっすぐ伸ばしたつもりでもずれてしまうことがあります。そのような間違いを取り上げることで，点をプロットしてから直線でつなぐことの大切さを子どもに実感させることができます。

T　みんなが言うように，どちらもこのまま料金が上がると，何分のところで，B社が追いつきますか？
C　グラフを伸ばすと，95分でA社とB社の料金が同じになります。
T　グラフを伸ばしてよいのですか？
C　A社ははじめから10分ごとに1000円ずつ上がっていっているので，比例しています。B社も60分より後は，10分ごとに2000円ずつ上がっていて，60分のところから比例していると言えるので，グラフを伸ばしていいです。

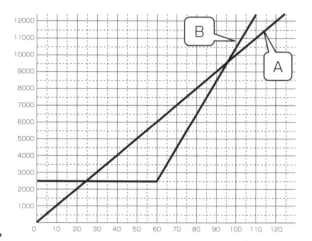

指名・発表のしかけ
　「グラフをそのまま伸ばしてよいのか」については，ペア学習を入れて，料金が時間に比例していること，比例しているからグラフを延長できることを全員に表現させるようにする。

T　表で考えていた人もいますね。どうでしたか？

分	10	20	30	40	50	60	70	80	90	100
A	1000	2000	3000	4000	5000	6000	7000	8000	9000	10000
B	2500	2500	2500	2500	2500	2500	4500	6500	8500	10500

C　90分まではAが500円高いけれど，100分ではA社が10000円，B社が10500円で，B社の方が高い。本当に95分で同じになるのかな…。
C　1分ごとに考えると，Aは1分100円，Bは1分200円ずつ上がっていき，95分のときに9500円で料金が同じになるよ。

分	90	91	92	93	94	95	96	97	98	99	100
A	9000	9100	9200	9300	9400	9500	9600	9700	9800	9900	10000
B	8500	8700	8900	9100	9300	9500	9700	9900	10100	10300	10500

❸表やグラフを基にA社が得な通話時間とB社が得な通話時間について説明する

　完成した表やグラフを基に，導入時と同じ発問をし，自分の考えを自分のノートにまとめる時間を取ります。通話時間によって，料金が安くなる会社が違うことと，グラフを見ると，どちらの会社がお得なのか，ひと目でわかることを確認してまとめとします。

T　結局，A社とB社どちらの携帯電話会社と契約するのがお得なの？
C　通話時間によって変わります。
C　B社は60分まではずっと2500円で，A社は1時間1000円だから，1か月の通話時間が25分より短い人はA社の方がお得です。
C　でも，通話時間が25分から95分までならば，B社の方がお得だよ。
C　通話時間が95分を超える人は10分1000円のA社がお得だね。
C　その後はずっとA社がお得。
T　1か月の通話時間によって，お得な携帯電話会社が変わるということだね。
C　グラフを見ると，通話時間が何分のときにどちらが高いかがすぐにわかるね。

> **まとめのしかけ**
> 　子どもの発言を基に，通話時間ごとにどちらの会社がお得かをまとめながら，それらの関係はグラフを見るとすぐにわかることをまとめる。

5 授業の最終板書

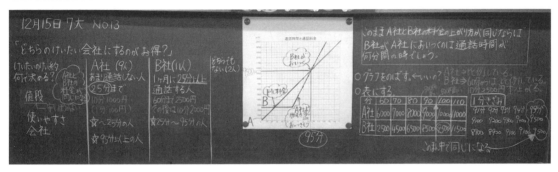

（大村　英視）

6年 並べ方と組み合わせ方

自分の名前でどんな言葉ができるかな？

	ペア学習	グループ学習	学級全体での練り上げ
		○	○

● この授業で育成したい資質・能力

知識・技能	思考力・判断力・表現力等	学びに向かう力・人間性等
数量や図形などについての基礎的・基本的な概念や性質などの理解	日常の事象を数理的に捉え，見通しをもち筋道を立てて考察する力 ●	数量や図形についての感覚を豊かにするとともに，数学的に考えることや数理的な処理のよさに気付き，算数の学習を進んで生活や学習に活用しようとする態度
日常の事象を数理的に表現・処理する技能 ●	基礎的・基本的な数量や図形の性質や計算の仕方を見いだし，既習の内容と結びつけ統合的に考えたり，そのことを基に発展的に考えたりする力	数学的に表現・処理したことを振り返り，批判的に検討しようとする態度
数学的な問題解決に必要な知識	数学的な表現を用いて事象を簡潔・明瞭・的確に表したり，目的に応じて柔軟に表したりする力 ●	問題解決などにおいて，よりよいものを求め続けようとし，抽象的に表現されたことを具体的に表現しようとしたり，表現されたことをより一般的に表現しようとするなど，多面的に考えようとする態度

1 授業の概要

6年「場合の数」では，場合の数を機械的に計算で求めるのではなく，樹形図や表などを用いて，すべての場合を書き出すという過程を経験させることが重要です。そこで，数字を文字に変え，4文字から2文字の言葉を選んで「言葉」をつくる活動を設定します。「どんな言葉ができるか？」と問われれば，すべての言葉を書き出す必要感が生まれます。本時は，「記号化」や「樹形図」などの重要な考え方の学習後に実践するとよいでしょう。

2 問題

お, き, の, や の4文字から2文字を選んで，言葉をつくります。
どんな言葉ができるでしょうか。

3 授業のねらい

4文字から2文字を選んで言葉をつくる活動を通して、落ちや重なりがないように、順序よく整理し、すべての場合の数を調べさせる。

4 授業展開

❶お，き，の，やの4文字から2文字を選んで言葉をつくる

お，き，の，やの4枚のカードを配付します。カードを使いながら、いろいろな文字の組み合わせを考え、言葉をつくらせます。でき上がった2文字が意味の通じる言葉になるかを辞書や地図帳を使って調べられるようにしておきます。

T お，き，の，やの4文字から2文字を選んで言葉をつくります。どんな言葉ができるかな？
C いろいろな言葉ができそうだよ。
T では、さっそくやってみよう。

> 発問のしかけ
> 「どんな言葉ができるかな？」と投げかけることで、すべての場合を書き出す必要感をもたせる。

どんな言葉ができるか各自で考えます

❷どんな言葉ができたかを発表する

自分たちでつくった言葉を発表させ、意味の通じる言葉かどうかを確認していきます。

「いくつの言葉ができたか」よりも，「どうやって言葉を見つけたか」に着目させ，全部で12通りの組み合わせがあることも押さえます。

T　どんな言葉ができたかを発表しましょう。
　　（全通り落ちや重なりなく調べる方法についても押さえる）

> **板書のしかけ**
> できた言葉を短冊に書いて貼り，短冊を並べ替えることで，順序よく整理させる。

C　沖（おき），小野（おの），親（おや），木野（きの），木屋（きや）
　　軒（のき），八尾（やお），焼き（やき），矢野（やの）
T　今，9つの言葉が上がりましたね。もう他の言葉はありませんか？
C　全部で12通り。残りは「きお」「のお」「のや」の3つで言葉にならない。
T　どうして全部で12通りだとわかるの？
C　先頭に来る文字が4通り，2番目に来る文字は3通りだから，全部で12通り。

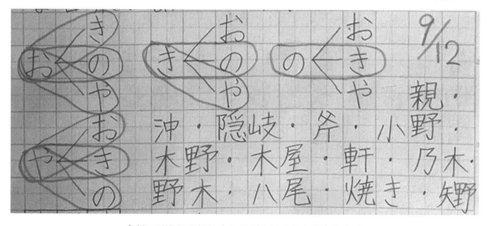

全部で12通りの組み合わせがあることを押さえます

❸問題をアレンジして，活用問題をつくる

　授業終盤，「この問題のどこをアレンジできるかな？」と聞くと，①名前を変える，②文字数を変えるという2種類の意見が出ることが予想されます。実際の授業では，自分の名前を使った問題にアレンジして練習問題をつくらせました。

T　この問題のどこがアレンジできそうですか？
C　名前を変える。
C　文字数を変える。

C 自分の名前でやってみたい！
（少し時間を与えて考えさせます）
C 私（前原さん）は，12個中7個の言葉ができたよ！（左下）
C ぼく（田中くん）は，自分の名前が全部言葉になったよ！（右下）

まとめのしかけ
問題を自分の名前に変えることで，意欲的に練習問題に取り組ませる。

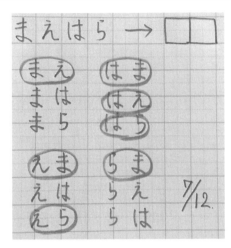

「たな（棚）」
「たか（鷹）」
「なた（鉈）」
「なか（中）」
「かた（肩）」
「かな（仮名）」

自分の名前でどんな言葉ができるかを調べます

5 授業の最終板書

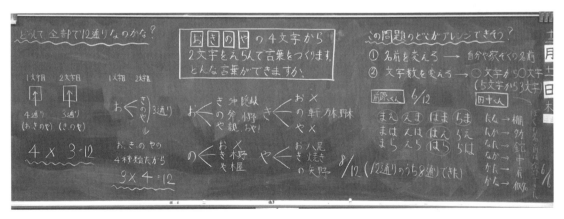

（沖野谷　英貞）

6年　並べ方と組み合わせ方

ピザは何種類できるかな？

	ペア学習	グループ学習	学級全体での練り上げ
	○	○	○

● この授業で育成したい資質・能力

知識・技能	思考力・判断力・表現力等	学びに向かう力・人間性等
数量や図形などについての基礎的・基本的な概念や性質などの理解	日常の事象を数理的に捉え，見通しをもち筋道を立てて考察する力　●	数量や図形についての感覚を豊かにするとともに，数学的に考えることや数理的な処理のよさに気付き，算数の学習を進んで生活や学習に活用しようとする態度　●
日常の事象を数理的に表現・処理する技能　●	基礎的・基本的な数量や図形の性質や計算の仕方を見いだし，既習の内容と結びつけ統合的に考えたり，そのことを基に発展的に考えたりする力　●	数学的に表現・処理したことを振り返り，批判的に検討しようとする態度
数学的な問題解決に必要な知識	数学的な表現を用いて事象を簡潔・明瞭・的確に表したり，目的に応じて柔軟に表したりする力	問題解決などにおいて，よりよいものを求め続けようとし，抽象的に表現されたことを具体的に表しようとしたり，表現されたことをより一般的に表現しようとするなど，多面的に考えようとする態度

1 授業の概要

5つのトッピングを使ってつくることのできるピザは，何種類あるのか。前時で一人ひとりがどのトッピングを使うかを決めて，自分なりのピザをつくりました。そのうえで，使うトッピングが1つの場合と2つの場合では，それぞれピザが何種類できるかを考えました。

本時では，さらにトッピングを増やして，3つと4つの場合を考えます。前時で学習した樹形図を基に考える中で，違う見方や考え方を子どもたちは見いだしていきます。

2 問題

> 5つのトッピングから3つ（または4つ）を選んでできるピザは何種類ですか。
> （トッピングは，サラミ，オニオン，ピーマン，トマト，コーン）

3 授業のねらい

図を用いて落ちや重なりがないように調べながら，補集合の考え方に気づかせ，それを用いて組み合わせを考えさせる。

4 授業展開

❶解決の見通しをもつ

問題を提示し，前時で学習したことを振り返りながら，本時で取り組むことを確認していきます。

T 今日は，5つのトッピングから3つを選んでつくるピザが，何種類あるかを考えてみよう。
C 前の時間に習った樹形図を使えば求められそう。

> **問題提示のしかけ**
> 前時に学習したことを用いれば解決できそうだという見通しをもたせる。

C 使うトッピングが2つから3つに増えたので，できるピザの種類も増えると思います。
T では，5つのトッピングから3つ選んでできるピザをすべてかき出してみよう。

❷樹形図の中に重なりがあることに気づく

自力解決を行う中で，今回も樹形図ですべてかき出すと，かなりの量になることがわかり始めます。そこで，自力解決を途中で止め，樹形図の一部だけを提示し，ここからは，4人グループで解決を図らせていきます。

T さて，樹形図をかいて解決することができたかな？
C 2つめのトッピングまではわかったのですが，3つめのかき方がよくわからなくなりました…。
C 途中までかいたけど，すごく大きな図になって大変だった。
C もっと簡単に調べる方法はないかな…？
T みんな調べるのにとても大変な思いをしたんだね。じゃあ，黒板の樹形図を見ながら，考えていこう。

> **指名・発表のしかけ**
> でき上がった一部の樹形図を，黒板につくらせておく。

C 左側は，最初にサラミを固定して，樹形図をつくりました。
C そして，2番目を「オニオン，ピーマン，トマト，コーン」と順番になるように書いていきました。
T サラミを最初にした樹形図だけで，12種類のピザがつくれたんだね。
C いいえ，同じ種類のピザがいくつかあります。
C 例えば，「サ・オ・ピ」と「サ・ピ・オ」は，順番は違うけど，同じトッピングがのったピザです。
C 同じものには，×をつけて消していくとわかりやすいと思います（右写真）。

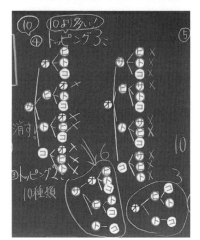

❸補集合の考え方に気づく

　3つのトッピングを選ぶ問題で樹形図をかくことの大変さを味わった子どもたち。ここで，さらに追い打ちをかけるように，次の問題を提示し，課題を共有していきます。

T 使うトッピングが3つの場合は，10種類のピザができることがわかりました。
C もっといっぱいできると思っていたから，意外。
C トッピングが2つのときと同じで，10種類しかできないことが不思議です。
T じゃあ，次はトッピングを4つ使ってできるピザを考えてみようか。
C えぇ，トッピングを4つも使うの!?
C もう樹形図かきたくないです！

> **発問のしかけ**
> 3つの場合を解決することの大変さを共有したうえで，次の問題を提示する。

T さっきかいた樹形図に付け加えていく方法でやってみようか？
C トッピング3つの場合でも樹形図をかくのはかなり大変だったから，4つだとさらに大変なはず…。
C もっと簡単な方法があるよ！

T　えっ，もう何種類のピザができるかわかったの!?
C　はい，トッピング1つでピザをつくるときと同じ，5種類です。
T　どういうこと？
C　トッピング4つを選ぶということは，使わないトッピングを1つ選ぶことと同じことだと思います。
C　あっ，そうか。「サ，オ，ピ，ト」を選んで使うとすると，使わないトッピングは「コ」のコーン。だから，使わないトッピング1つ選んでいるのと同じことだね。
C　ということで，使わない1つを選ぶのは，トッピング1つを選ぶのと同じだから，5種類のピザができます。

補集合の考え方を使って問題を解決しています

C　だから，トッピング2つと3つの場合も，できるピザの種類が同じ数なのか！
T　今の考えを，となりの人と説明し合いましょう。
C　トッピング0個と5個のときのピザの種類が1種類なのも，同じ理由で言えます。
T　もしも，トッピングが，6つに増えたら…。

5 授業の最終板書

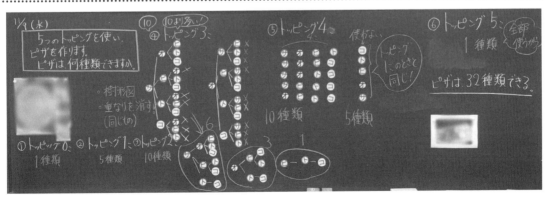

（田畑　達也）

6年 資料の調べ方

15秒に近いチームはどっち？

	ペア学習	グループ学習	学級全体での練り上げ
	○		○

●この授業で育成したい資質・能力

知識・技能	思考力・判断力・表現力等	学びに向かう力・人間性等
数量や図形などについての基礎的・基本的な概念や性質などの理解	日常の事象を数理的に捉え，見通しをもち筋道を立てて考察する力	数量や図形についての感覚を豊かにするとともに，数学的に考えることや数理的な処理のよさに気付き，算数の学習を進んで生活や学習に活用しようとする態度 ●
日常の事象を数理的に表現・処理する技能 ●	基礎的・基本的な数量や図形の性質や計算の仕方を見いだし，既習の内容と結びつけ統合的に考えたり，そのことを基に発展的に考えたりする力 ●	数学的に表現・処理したことを振り返り，批判的に検討しようとする態度 ●
数学的な問題解決に必要な知識	数学的な表現を用いて事象を簡潔・明瞭・的確に表したり，目的に応じて柔軟に表したりする力	問題解決などにおいて，よりよいものを求め続けようとし，抽象的に表現されたことを具体的に表しようとしたり，表現されたことをより一般的に表現しようとするなど，多面的に考えようとする態度

1 授業の概要

　子どもを2人1組のペアにして，ストップウォッチを渡し，時計を見ずに15秒ぴったりだと思うところでストップボタンを押し，そのときのタイムを記録します。その後学級を2つに分け，それぞれの子どもたちのタイムを黒板に掲示していき，どちらのグループがより15秒に近かったと言えるかを考えていきます。最初は，平均の考えで15秒に近いタイムの方を勝ちにしようという意見が出ますが，平均だと0秒と30秒の2人の場合も15秒になってしまうことから，平均だけでなく，ちらばりに注目する必要があるという考えを引き出します。

2 問題

> 　2人1組になって，時計を見ずに，15秒ぴったりだと思うところで，ストップウォッチを止めます。席が窓側のチームと，廊下側のチームでは，どちらがより15秒に近いと言えるでしょうか。

3 授業のねらい

基準により近い方を考えるという課題を通して，平均の考えだけでは不十分な場合があることに気づかせ，ちらばりに目を向けさせる。

4 授業展開

❶ 2人1組で15秒あてゲームを行う

　ストップウォッチを使って，感覚だけでより15秒に近いところでストップさせるというゲームを行います。2人1組になり，お互いの記録を取りながら交互に測定をしていきます。記録はペアの窓側と廊下側で色を分けた画用紙に書き，黒板に貼ります。

T　今日は，15秒あてゲームを行います。時計を見ずに，15秒だと思ったところでストップウォッチを止めます。2人1組になって，交互に測定を行います。記録を取るのは一度だけですよ。
C　結構近くなった！
C　失敗した～。
T　では，記録をこれから配る紙に書いて，黒板に貼りましょう。
C　やった！　一番15秒に近い。
T　こうやって記録を一覧にすると，個人の記録はだれが一番近いかすぐわかりますね。

> **問題提示のしかけ**
> 最初は，だれでも楽しく取り組めるように，ゲーム形式で問題を導入していく。

2人1組でタブレットのストップウォッチを利用して計測します

第2章　主体的・対話的で深い学び30

❷チームとしての比べ方を考える

　個人の記録は，15秒との差を求めることでだれが一番近いかを比べることができます。ここでは，窓側の席のチームと廊下側の席のチームではどちらが近いかを判断する方法を考えさせます。子どもたちから「平均を使えばよい」という意見が出るので，ここでは子どもの意見に寄り添い，授業を展開していきます。

T　窓側と廊下側の席によって，記録紙の色を変えてあります。窓側のチームと廊下側のチームでは，どちらのチームが15秒に近いかな？
C　平均を使って，15秒に近い方を調べたらいい。
C　計算が大変だから電卓を使ってもいいですか？
T　では，タブレットを利用してそれぞれの平均を求めてみよう。
C　窓　側…１５．４７秒。
C　廊下側…１５．９7/8秒。
C　やった，窓側の方が近い！

15.3	15.7	15.3	18.6
16.4	14.9	16.7	16.4
15.1	15.8	15.8	14.3
14.6	15.6	15.6	14.2
15.8	15.5	16.9	

　　　　窓側　　　　　廊下側

❸平均では必ずしも近いと言えないことに気づく

　子どもから「平均ではおかしい」という声が出てくるとよいのですが，出ないときは，平均では矛盾することに子どもが気づけるような事例を教師から提示します。子どものおかしいと思った理由を聞きながら，ちらばりの見方へとつなげていきます。

T　先生たちも職員室で２人組で調べたんだけど，みんなとどっちが15秒に近いかな？
　　O先生とH先生ペア…O先生14.1秒，H先生14.5秒。
C　なかなか近い。でも，平均すると14.3秒だから窓側のチームの方が近い。
T　みんなの方が近いかぁ…。じゃあ，Y先生とM先生ではどうかな？
　　Y先生とM先生ペア…Y先生1.0秒，M先生29.0秒。
C　全然ダメ！
C　あれっ，でも，平均すると15秒ぴったりになるよ。

> **発問のしかけ**
> 　教師から「平均ではおかしい」と言うのではなく，事例をあげることで，子どもから矛盾に気づかせるようにする。

T　平均が15秒ぴったりなら，Y先生とM先生ペアの勝ちじゃないの？

- C でも，Y先生とM先生は15秒からどちらも遠い。
- C O先生とH先生の方が15秒に近い。
- T 図を使って説明できるかな？
- C 数直線でかくと，O先生とH先生はどちらも15秒の近くにいるけど，Y先生とM先生は，反対にあって，どちらも15秒から遠い。
- T 確かに，数直線に並べてみると，Y先生とM先生の記録が離れているのがわかるね。みんなの記録も数直線上に並べてみるとどうなるかな？

> **板書のしかけ**
> 子どもが自由に動かせるよう，記録は画用紙に書いて貼っておく。

自分たちの記録を数直線上に並べていきます

- C 廊下側は，記録が散らばってる。
- C 窓側の方が真ん中に集まってる。
- T 今回は，どちらのチームが近かったと言えるかな？
- C 平均では窓側の方が近いけど，平均だけではどちらが近いかは言いきれない。

5 授業の最終板書

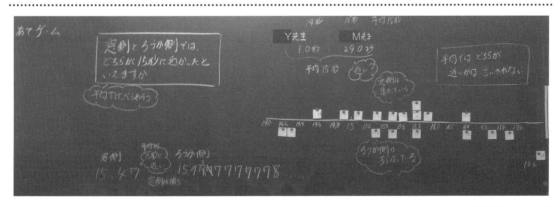

（松瀬　仁）

【執筆者一覧】

盛山　隆雄（筑波大学附属小学校）

加固希支男（東京学芸大学附属小金井小学校）
松瀬　　仁（聖心女子学院初等科）
山本　大貴（暁星小学校）

岩本　充弘（広島県呉市立仁方小学校）※
大村　英視（東京都目黒区立東山小学校）
岡部　寛之（早稲田実業初等部）
沖野谷英貞（東京都文京区立昭和小学校）
佐藤　憲由（東京都東村山市立東萩山小学校）
志田　倫明（新潟大学教育学部附属新潟小学校）※
高瀬　大輔（福岡県川崎町立川崎小学校）※
瀧ヶ平悠史（北海道教育大学附属札幌小学校）※
種市　芳丈（青森県三戸町立三戸小学校）※
田畑　達也（東京都墨田区立第一寺島小学校）
中野　良喜（青森県弘前市立大和沢小学校）※
西井　良介（三重県名張市立箕曲小学校）※
樋口万太郎（京都教育大学附属桃山小学校）※
細谷　勇太（目黒星美学園小学校）
三田　康裕（晃華学園小学校）

※は志算研の活動にご協力をいただいている先生方です。

【編著者紹介】

盛山　隆雄（せいやま　たかお）

1971年鳥取県生まれ。
筑波大学附属小学校教諭。
志の算数教育研究会（志算研）代表，
全国算数授業研究会理事，日本数学教育学会研究部幹事，教育出版教科書『小学算数』編集委員。
著書に『「数学的な考え方」を育てる授業』（東洋館出版社），『盛山流算数授業のつくり方　8のモデルと24の事例』（光文書院）他多数

【著者紹介】

志の算数教育研究会
（こころざしのさんすうきょういくけんきゅうかい）

2011年発足。
著書に『10の視点で授業が変わる！　算数教科書アレンジ事例30』『11の視点で授業が変わる！　算数教科書アレンジ事例40』（いずれも東洋館出版社）

子どもをアクティブにするしかけがわかる！
小学校算数「主体的・対話的で深い学び」30

2017年3月初版第1刷刊	©編著者	盛　山　隆　雄
2018年8月初版第4刷刊	著　者	志の算数教育研究会
	発行者	藤　原　光　政
	発行所	明治図書出版株式会社

http://www.meijitosho.co.jp
（企画）矢口郁雄（校正）大内奈々子
〒114-0023　東京都北区滝野川7-46-1
振替00160-5-151318　電話03(5907)6701
ご注文窓口　電話03(5907)6668

＊検印省略　　　組版所　共同印刷株式会社

本書の無断コピーは，著作権・出版権にふれます。ご注意ください。

Printed in Japan　　ISBN978-4-18-261329-6
もれなくクーポンがもらえる！読者アンケートはこちらから→

実務が必ずうまくいく 研究主任の心得55

藤本 邦昭 著
Fujimoto Kuniaki

A5判／132頁
1,760円+税
図書番号：1745

校内研修の計画書づくりから、研究授業、研究発表会のプロデュース、職員の負担感の軽減まで、研究主任業務の表も裏も知り尽くした著者が明かす、実務の勘所と必ず役に立つ仕事術。若葉マークの研究主任も、この1冊さえあればこわいものなし！

実務が必ずうまくいく 教務主任の心得55

佐藤 幸司 著
Sato Koji

A5判／128頁
1,800円+税
図書番号：0150

必ず覚えておきたい法規の基礎知識から、教育課程を円滑に編成するためのステップ、知っているだけで仕事が数段楽になるＰＣ活用法まで、現役スーパー教務主任が明かす実務の勘所と必ず役に立つ仕事術。若葉マークの教務主任も、これさえあればこわいものなし！

明治図書　携帯・スマートフォンからは 明治図書ONLINE へ　書籍の検索、注文ができます。▶▶▶
http://www.meijitosho.co.jp　＊併記4桁の図書番号（英数字）でHP、携帯での検索・注文が簡単に行えます。
〒114-0023　東京都北区滝野川7-46-1　ご注文窓口　TEL 03-5907-6668　FAX 050-3156-2790

＊価格は全て本体価表示です。